Ryuho Okawa

Manifest der Glücksrealisierungspartei

Manifest der Glücks Realisierungs Partei

Die Originalausgabe erschien 2009 unter dem Titel
»Kofuku Jitsugento Sengen«
bei IRH Press Co., Ltd., Tokio.

1. Auflage August 2014

Aus dem Englischen übersetzt von Andrea Fischer
Cover Image: ©epic-Fotolia.com
Herstellung & Verlag: BoD™ – Books on Demand GmbH,
Norderstedt
Printed in Germany
ISBN 978-3735738110

www.happy-science.de

Inhaltsverzeichnis

Kapitel Eins

MANIFEST DER GLÜCKSREALISIERUNGSPARTEI

Kapitel Zwei

THE MANIFESTO OF THE HAPPINESS REALIZATION PARTY

Kapitel Drei

幸福実現党宣言

KAPITEL EINS

Manifest *der* Glücks Realisierungs Partei

Aufgenommen am 30. April 2009
Happy Science Hauptsitz in Tokio, Japan

Ryuho Okawa

1. Den „Himmel auf Erden“ schaffen

Wir können unsere Pflichten nicht erfüllen, wenn wir nur indirekt Einfluss nehmen.

Ich möchte über das Thema „Manifest der Glücksrealisierungspartei“ referieren.

Ja, ich meine das genau so, wie ich es gesagt habe: Ich habe vor, die „Glücksrealisierungspartei“ („Happiness Realization Party“) zu gründen.

Happy Science ist in vielerlei Hinsicht aktiv und setzt sich immer wieder mit neuen Anregungen für die Gesellschaft ein. Im Zuge dessen unterbreitet Happy Science auch verschiedenen Politikern konkrete politische Vorschläge. Ich bin überzeugt davon, dass wir auch in Zukunft solche Vorschläge machen werden, doch derzeit erfolgen diese nur auf indirekte Weise.

Ungeachtet dessen ist im Sinne der vier Grundprinzipien von Happy Science, nämlich der Liebe, der Weisheit, der Selbstreflexion und des Fortschritts, d. h., im Sinne der Lehren vom Fortschritt, ein erklärtes Ziel die Schaffung des „Himmels auf Erden“ – und zwar soll die Schaffung dieses „Himmels“ auf Erden stattfinden, und nicht im Himmel.

Ich glaube, ich sollte erklären, dass es, wenn von einem „Himmel auf Erden“ die Rede ist, um bestimmte, aktive, konkrete Handlungsweisen geht, die für die Umsetzung auf Erden geplant werden, und dass wir auf den richtigen Zeitpunkt für die Ausführung solcher Aktionen warten. Es bedarf vieler sozialer Kräfte, um derartige Aktivitäten auszuführen, und auf solche warten wir.

Bisher gehörte hierzu auch die Entwicklung einer

Reihe von Lehren und manchmal auch das Umsetzen konkreter politischer Einzelaktionen. Nachdem Happy Science nun im Begriff ist, sich in Japan zu einer maßgeblichen Religion zu entwickeln, können wir es uns nicht mehr leisten, weiterhin den Eindruck zu erwecken, wir würden einfach nur Verstecken spielen oder im Hintergrund die Fäden ziehen.

Da unsere Aktionen richtig sind, sollten wir unsere Ideen und Meinungen offen und deutlich äußern und unsere Aktionen auch wirklich umsetzen. Es erfordert von uns in der Tat gewaltige Kraftakte, die Inhalte unserer Ideen, Glaubensüberzeugungen und geistigen Einstellungen in dieser Welt umzusetzen.

Viele Dinge lassen sich indirekt umsetzen, doch das ist ein sehr umständlicher Ansatz, der uns manchmal viel Zeit und Kompromisse abverlangt. Daher bin ich der Meinung, dass die Zeit gekommen ist, da wir endlich eine Organisation brauchen, die diejenigen Botschaften von Happy Science, die sich auf den Aufbau eines „Himmels auf Erden" beziehen, in direkter, klarer Weise vermitteln und tatsächlich auch weltlich aktiv werden kann.

Eine Äußerung wie „in einer Welt, in der Bildung groß geschrieben wird, muss Bildung folgendermaßen aussehen", lässt sich natürlich auch im Kontext einer Religion machen. Doch selbst wenn solche Aktivitäten zunächst umgesetzt und bis zu einem gewissen Grad Ideen gesammelt werden, wird weiterhin das Bedürfnis bestehen, eine Bildung in die Praxis umzusetzen, die auch Glauben und Religion beinhaltet. Folglich braucht Happy Science jetzt eigene Schulen. Daher arbeiten wir derzeit daran, Schulen einzurichten, die die Religion als

Stützpfeiler haben, und setzen unsere Vorstellungen von Erziehung auch wirklich aktiv in die Tat um.

Wie man am Beispiel der Zeitschrift „The Liberty“ (von IRH Press Co., Ltd.) sehen kann, äußert sich Happy Science heute schon zum internationalen politischen Geschehen und zur Wirtschaftslage in einem Maße, das bereits über den üblichen Rahmen einer religiösen Organisation hinausgeht. Wir freuen uns sehr darüber, dass einige unserer Ansichten und Aussagen bereits mehr Erfolg haben als die von Politikern und Analytikern. Doch ich habe ernsthafte Zweifel daran, ob wir wirklich unseren Verantwortungen nachkommen können, wenn wir über diese Themen lediglich diskutieren, als seien sie die Probleme anderer Menschen.

Einige Empfehlungen hinsichtlich der Erziehung können durchaus von Außenstehenden kommen – so beispielsweise die Feststellung „Mobbing ist etwas Schlimmes“ und „eine Erziehung, der es an der Wahrheit fehlt, ist keine gute Erziehung“. Doch in Wirklichkeit ist es für Außenstehende unmöglich, bei schulischen Angelegenheiten mitzureden. Die Schulen haben sich dem Motto verschrieben: „Wir haben die akademische Freiheit und widersetzen uns jeglichem Druck von außen.“ Greifen folglich Mobbing und Fehlverhalten um sich, muss eine Erziehung eingeführt werden, die auf Glauben und Religion basiert.

Zugleich bin ich angesichts der Tatsache, dass sowohl die Politik als auch die Religion das gleiche Ziel haben, nämlich „die Menschen dieser Welt glücklich zu machen“, der Meinung, dass wir bestimmte Dinge auch im Bereich der Politik durchsetzen müssen.

Jetzt ist es an der Zeit für eine politische Organisation, die das Glück verwirklichen soll

Wie sich am Namen unserer Organisation „Happy Science“ ablesen lässt, sind wir von dem starken Wunsch getragen, „Glück zu verwirklichen“. Wie von Anfang an bereits deutlich gesagt, verstehen wir unter diesem Glück „ein Glück, das uns von dieser Welt in die nächste trägt“. Wir sagen dies bereits seit über 20 Jahren.

Die buddhistische Sekte „True Pure Land“ („Wahres-Reines-Land-Sekte“) spricht von einem „aufrichtigen Verlangen, im reinen Land wiedergeboren zu werden“ und der „Abscheu, in dieser unreinen Welt leben zu müssen“. Mit anderen Worten, sie glauben: „Da diese Welt korrupt ist, sollten wir den Wunsch hegen, in den Himmel, in die andere Welt zurückzukehren und dort glücklich zu werden.“ Daher gab man es auf, in dieser Welt glücklich zu werden, und es gab viele Seelenaufstiege unter den Anhängern der Schule der „Wahres-Reines-Land-Bewegung“[1]. Dennoch ist es nicht unser Ansinnen, uns auf diese Weise in politischen Aktivitäten zu engagieren. Da wir über das Glück reden, „das uns von dieser Welt in die nächste trägt“, ist es unsere Hoffnung, „eine Welt zu erschaffen, in welcher Menschen, die von der Wahrheit erfahren und diese praktizieren, ein recht freudestrahlendes Leben auch schon in dieser Welt führen können“. Ich bin überzeugt davon, dass der Zeitpunkt gekommen ist, dass wir eine politische Organisation als großes Werkzeug brauchen, um diese Vision in die Realität umzusetzen.

Ich selbst neige immer dazu, etwas übervorsichtig zu

[1] Im Japan des 15. und 16. Jahrhunderts.

sein. Auch wenn ich also schon verschiedene Willensbekundungen dazu abgegeben habe, hat sich meine Gründung einer politischen Organisation um einiges verzögert. Dieses Jahr ist auch das Jahr der Veröffentlichung meines Werkes „Die Gesetze des Mutes“[2] . Daher bin ich der Meinung, „dass der Zeitpunkt gekommen ist, da wir einige Entscheidungen treffen müssen.“ Infolgedessen mache ich mich auf extreme Herausforderungen gefasst.

Betrachtet man die Welt, so stellt man fest, dass die Menschen mit der Liberalen Demokratischen Partei und der Demokratischen Partei Japans unzufrieden sind. Sie sind also verwirrt und wissen nicht so recht, wohin sie sich wenden können, um richtige Politik zu unterstützen. Die „Neue Komeito“, die als Partei der Mitte eingestuft wird, ist weit davon entfernt, solche Menschen in ihren Bann zu ziehen. Die verschiedenen anderen links ausgerichteten Parteien sind viel zu unrealistisch – meiner Meinung nach werden sie nicht imstande sein, einem öffentlichen Mandat Rechnung zu tragen. Selbst wenn mehrere Oppositionsparteien eine Koalition bilden und die Liberale Demokratische Partei in die Knie zwingen würden, wären sie ein bunt zusammengewürfeltes Team, das wahrscheinlich nicht imstande wäre, eine gute Politik zu machen.

Vor diesem Hintergrund und in Anbetracht der Tatsache, dass Happy Science in der Vergangenheit bereits eine stattliche Anzahl von politischen Empfehlungen gegeben hat, bin ich überzeugt davon, dass die Zeit reif ist für die Neugründung einer politischen Organisation, die auf den Ideen von Happy Science basiert.

---

[2] Okawa, Ryuho: The Laws of Courage. IRH Press Co., Ltd. 2009.

In dem Bestreben, einen Gegenpol zu Marx' „kommunistischem Manifest" zu setzen

Ich habe diesem Werk den Titel „Manifest der Glücksrealisierungspartei" gegeben, weil ich ganz bewusst einen Gegenpol zum „Kommunistischen Manifest" setzen möchte, das im Jahr 1848 von Karl Marx veröffentlicht wurde.

Unter diesem „Kommunistischen Manifest" hat die Menschheit mehr als 150 Jahre lang gelitten. Letztendlich wurde es zum Experiment an der Bevölkerung, das zur Entstehung vieler materialistisch eingestellter Nationen geführt hat. Daher soll das „Manifest der Glücksrealisierungspartei" das Gegenteil hiervon bewirken.

Das „Manifest der Glücksrealisierungspartei" ist folgender Erklärung verschrieben:

„Wir werden die Kräfte der Menschen mobilisieren, die die Existenz Gottes und Buddhas anerkennen, an die echte Buddha-Wahrheit glauben und daran arbeiten, einen Himmel auf Erden in Realität aufzubauen. Wir werden Japan zur Keimzelle unserer politischen Aktivitäten machen und von dort aus Einfluss auf die ganze Welt haben. Wir beabsichtigen eine Revolution im guten Sinne, die überall auf der Welt zugleich stattfinden soll." Das verstehe ich unter: „einen Gegenpol zu Marx setzen". Wir werden uns inhaltlich von allen politischen Kräften, die der Menschheit Unglück bringen, absetzen und diesen etwas entgegensetzen, sowie ein solides Fundament für die Wahrheit aufbauen. Auf der Grundlage dieser Wahrheit möchten wir nationale und politische Führungsstrategien entwickeln.

Wir beabsichtigen, konkrete Aktionen durchzuführen. Mit anderen Worten: Wir möchten gern „Thesen aufstellen und dann die Verantwortung für die Ergebnisse übernehmen".

In Anbetracht der bevorstehenden Auflösung des Unterhauses ist dies nun etwas überstürzt, doch wir möchten gerne eine politische Partei gründen. Es gibt natürlich viele Gesetzgeber, die nicht nur im Parlament, sondern auch regional aktiv sind. Wir planen, an vielen Orten aktiv zu werden und unseren Einfluss auszudehnen. Ich glaube, dass sich die Politik der Glücksrealisierungspartei auf ganz natürliche Weise ausbreiten wird.

Japan braucht eine breit gefächerte und tolerante religiöse Partei

Derzeit gibt es in Japan nur eine einzige religiöse Partei, die „Neue Komeito". Ich bin jedoch der Ansicht, dass die „Neue Komeito" nicht die Kraft hat, die religiösen politischen Parteien ausreichend zu repräsentieren. Die „Neue Komeito" wurde als Partei von einer Laienorganisation namens Taiseki-ji gegründet, die zur Nichiren-Richtung des Buddhismus gehört. Der Nichiren-Buddhismus ist eine Religion, die ein hohes Maß an Abgrenzung an den Tag legt. Daher schließt die „Neue Komeito" auch bestimmte Aspekte rigoros aus. Ich möchte damit nicht sagen, dass es religiöse Parteien nicht geben sollte. Die „Neue Komeito" hat den Ruf, sehr ausgrenzend zu sein. Ich bin der Meinung, es sollte eine Partei geben, die breiter gefächert und toleranter ist. Ich denke, es muss eine weitere Partei geben, auf die sich andere religiöse Kräfte und Menschen, die an andere Religionen glauben, stützen können.

Natürlich werden die Anhänger von Happy Science den Kern der Glücksrealisierungspartei bilden, daran besteht kein Zweifel. Zusätzlich möchte ich auch die Kräfte anderer Menschen bündeln, die sich mit der Wahrheit Buddhas verbunden fühlen, sowie auch derer, die an den Segen der Religion glauben.

Derzeit liefern sich im Bereich der Religion in Japan religiöse Gruppen oft Machtkämpfe über die Politik. Die „Neue Komeito“ wird beispielsweise von Soka Gakkai unterstützt. Sollte die „Neue Komeito“ eine Koalition mit der Liberalen Demokratischen Partei bilden, so wird die japanische Föderation der neuen religiösen Organisationen („Federation of New Religious Organizations“) – der auch Rissho Kosei Kai sowie andere angehören, die gegen Soka Gakkai eingestellt sind und früher die Liberale Demokratische Partei unterstützt haben – mit der Demokratischen Partei Japans paktieren. Derartige Machtkämpfe, die über die politische Schiene laufen, spielen sich gerade in Japan zuhauf ab.

Doch Entscheidungen, die auf dieser Basis ablaufen, sind zu banal. Was die Politik angeht, so muss man mit einem bestimmten Grad an Vernunft und Logik aufwarten. Ich bin überzeugt davon, dass es möglich ist, auf einer anderen Ebene zu entscheiden, was man möchte oder nicht, und wer Freund oder Feind ist – und zwar aus religiöser Sicht. Wir müssen in dieser Welt tun, was unsere Aufgabe ist. Ich finde, man kann auf die gegenwärtige Situation das Sprichwort anwenden: „Wenn zwei sich streiten, freut sich der Dritte“, wobei wir die neue dritte politische Kraft sind.

Unsere Grundidee besteht nicht darin, eine Revolution zu starten, mit der wir diese Welt durcheinander wirbeln wollen. Wir möchten gern politisch aktiv werden, indem wir eine innere Revolution starten, und zwar in dem Sinne, dass wir „eine Reihe von Verbesserungen in den derzeitigen politischen Systemen herbeiführen, mit dem Ziel, Fortschritt und Wohlstand zu erreichen". Wir möchten die Früchte dieser Bemühungen dann auch in den Rest der Welt „exportieren".

Wir streben absolut nicht eine Revolution an, die Gewalt oder Blutvergießen mit sich bringt. Seit der französischen Revolution gelten revolutionäre Bewegungen als essenzielle Basis für eine moderne Demokratie. Im Zuge solcher Bewegungen wurden stets alte Kräfte niedergeschlagen. Daher gab es viel Blutvergießen, wie etwa auch durch den Einsatz der Guillotine, usw. Dies war sowohl bei der Französischen Revolution als auch bei der Russischen Revolution der Fall. Ich persönlich distanziere mich von solch blutigen Revolutionen und lehne diese ab. Ich bin grundsätzlich überzeugt davon, dass es gut ist, die Welt mit einer Revolution zu verändern, die auf den Ideen und Meinungen vieler Menschen basiert.

Ziel ist die Gründung einer großen Volkspartei, die für alle Menschen offen ist

Die Glücksrealisierungspartei mag anfangs nicht sehr viel Kraft haben. Doch ich bin überzeugt davon, dass wir, wenn wir 5, 10, 20, 30 Jahre lang unermüdlich daran arbeiten, Bedeutung erlangen werden.

Diese Bestrebungen werden nicht dem Eigeninteresse von Happy Science dienen. Sie sollen vielmehr Bestandteil unserer Aktivitäten für die Menschen dieser Welt sein. Meiner Meinung nach können wir gerade heute angesichts der großen Politikverdrossenheit eine besondere Rolle spielen – und ich denke, das Wichtigste dabei ist für uns, dass wir mit Mut handeln.

Bei der Planung dieser neuen politischen Partei kam mir zuerst der Name „Happy Future Partei" („Partei für eine glückliche Zukunft") in den Sinn. Doch ich befand, dass es nicht gut ist, wenn die Menschen der Realität entfliehen und hoffen, in Zukunft glücklich zu werden. Daher entschied ich mich für den Namen „Glücksrealisierungspartei". Dieser Begriff enthält die Vorstellung, dass wir, wenn wir das Glück tatsächlich verwirklichen, auch wirklich Erfolg haben.

Daher möchten wir eine offene Partei gründen, weil wir glauben, dass Menschen, die dieser Welt Glück bringen und auch selbst glücklich werden möchten, diese Partei unterstützen sollten. Die religiöse Organisation Happy Science ist eine Vereinigung von Anhängern. Natürlich werden diese die Grundpfeiler der Glücksrealisierungspartei bilden. Dennoch möchten wir eine Organisation aufbauen, die auch von anderen Menschen unterstützt werden kann, die die Grundsätze unserer Politik und unsere Lebensvorstellungen gut finden.

In diesem Sinne wird unsere Partei in gewissem Maße getrennt von Happy Science betrieben werden. Anfangs werden vielleicht einige Aspekte der Organisation in Zusammenarbeit mit Happy Science auf den Weg gebracht werden müssen. Doch die unbeirrte geistige Haltung der Partei wird nach dem Gesetz der Anziehung eine Sogwirkung ausüben. Letztendlich möchten wir groß werden und die Glücksrealisierungspartei zu einer

Volkspartei machen, die von vielen Menschen unterstützt wird, die ihre Politik und ihre Ideen in die Praxis umsetzen. Wir möchten gern eine Partei entwickeln, die Menschen anspricht, die das Vertrauen in die Liberale Demokratische Partei Japans und die Demokratische Partei Japans verloren haben, und damit eine bessere Politik für Japan bieten.

Das Ziel von Happy Science, wenn es in die Politik geht, soll sein, „Glück zu manifestieren". Wie ich bereits eingangs erwähnt habe, ist es im weitesten Sinne „unser Ziel, den Himmel auf Erden in dieser Welt zu schaffen." Bisher habe ich viel zu unserem spirituellen Hintergrund erklärt, auf den wir uns stützen. Es wird ganz schön schwer werden und Kraft erfordern, dies in die Tat umzusetzen. Wir wollen auf unserem Weg nach vorn genau dies vorantreiben.

Folglich möchten wir mit dem „Manifest der Glücksrealisierungspartei" erreichen, dass Marx' „Kommunistisches Manifest" endgültig ad acta gelegt werden kann.

2. Erarbeitung einer Verfassung für das Japan von heute

Ich bin der Meinung, dass in der aktuellen Verfassung von Japan jede Menge Einschränkungen enthalten sind.

Der Entwurf für die Verfassung Japans wurde innerhalb von nur rund einer Woche von Mitgliedern der Besatzungsmächte während der Besetzung Japans verfasst, nachdem Japan den Zweiten Weltkrieg verloren hatte und keine eigene Souveränität mehr besaß. Daraufhin wurde die japanische Übersetzung nochmals überarbeitet und ergänzt. Einige derjenigen, die am Entwurf mitarbeiteten, besaßen akademische Bildung, andere jedoch auch nicht. Diese Verfassung wurde von Ausländern entworfen, und zwar in einem Moment, da Japan besetzt war und Chaos im Land herrschte.

Die Menschen, die diese Verfassung entworfen haben, hätten wahrscheinlich nie gedacht, dass diese mehr als 60 Jahre lang von Japan aufrecht erhalten werden würde. Sie dachten wahrscheinlich, dass Japan innerhalb der folgenden zehn Jahre wieder neu aufgebaut werden und sich eine eigene Verfassung geben würde. Daher machten sie einen provisorischen Entwurf. Doch dieser Entwurf ist über ganz lange Zeit, inzwischen mehr als 60 Jahre lang, beibehalten worden. Der Grund dafür ist, dass, nachdem Japan den Krieg verloren hatte, die Religion dort ihren Niedergang nahm und aus dem Blickfeld verschwand. Für das japanische Volk wurde daher die Verfassung zu einem „Objekt der Anbetung" und zu einem „fundamentalen Dogma" als Ersatz für die Religion. So scheint der Gang der Geschichte im Japan der Nachkriegszeit gewesen zu sein.

Daher begann man, die Verfassung Japans als „bedeutendes Gesetzeswerk, das auf Dauer Bestand hat" zu betrachten, wie ein fundamentales Dogma, das in Stein gemeißelt und niemals mehr abänderbar ist. Die Menschen kamen zu der Überzeugung, dass kein einziger Buchstabe der Verfassung mehr verändert werden kann – genauso, wie die Worte Jesu oder Buddhas für immer fest geschrieben und unabänderlich sind.

Doch die Verfassung Japans wurde nicht von solch erhabenen Menschen erstellt. Sie wurde von einer kunterbunt zusammengewürfelten Schar von Menschen geschrieben und enthält salopp formulierte Sätze, die mit Lücken und Schlupflöchern gespickt sind. Außerdem enthält sie viele Widersprüche. Aus moderner Sicht wurde diese Verfassung von Menschen erarbeitet, die Japan – nachdem es vor 60 Jahren den Krieg verloren hatte – so gesehen haben, wie man aktuell das heutige Nordkorea betrachtet. Hätten die Besatzungsmächte im Irak nach dem Ende des Krieges dort eine Verfassung für das Land entworfen, so hätte das wahrscheinlich in etwas Ähnlichem gemündet wie die japanische Verfassung.

Daher ist es erforderlich, die Verfassung so umzuändern, dass sie dem japanischen Volk Glück bereitet. Dies muss durch die japanische Bevölkerung selbst geschehen können. Manche Stimmen meinen, die Verfassung abzuändern sei aufgrund der darin verankerten Präambel schwierig, doch dies ist nichts anderes als eine Ausrede. Hier fehlt es lediglich am nötigen Mut. Das japanische Volk besaß nicht den Mut, die Initiative zu ergreifen und die Verfassung zu ändern. Es ist emotional abhängig geblieben und denkt, es muss für immer besetzt bleiben. 60 Jahre lang haben die Menschen gedacht: „Die Vereinigten Staaten von Amerika werden uns beschützen, solange wir besetzt bleiben," und möchten, dass die USA sie beschützen, weil sie immer genau das getan haben, was Amerika wollte.

Doch derzeit verlagert sich die Stellung Amerikas weg von der einzigen Superweltmacht hin zu einer führenden Großmacht neben vielen anderen. Genauer gesagt, es entwickelt sich derzeit eine Situation, in der die USA nicht mehr imstande sind, sich voll und ganz um Japan zu kümmern. Vielleicht mag Amerika insgeheim denken: „Du musst jetzt selbst für dich sorgen. Auch wenn du unser Kind bist, so musst du ab dem Augenblick, da du größer bist als deine Eltern, deine Probleme selbst lösen.“ Ich glaube, man findet es in den USA traurig, dass es Japan an Entscheidungskraft fehlt. Während der Besatzungszeit soll Douglas MacArthur gesagt haben, dass das japanische Volk den Intellekt eines Zwölfjährigen besitzt. Anscheinend wirkte das japanische Volk so, als hätte es den Intellekt eines Kindes, das sich an der Schwelle zwischen Grundschule und den höheren Schulen befindet.

Die Zeit ist gekommen, da wir erwachsen werden müssen. Wir müssen den Inhalt unserer Verfassung analysieren und einen neuen Ansatz finden, der für die heutige Situation Japans der Richtige ist.

3. Die japanische Verfassung hat eine problematische Präambel

Die Präambel der Verfassung Japans ist in schrecklichem Japanisch geschrieben

Es sprengt den Rahmen dieses Kapitels absolut, alle Probleme, die die Verfassung aufwirft, erörtern zu wollen. Ich möchte daher einige repräsentative Punkte herausgreifen.

Betrachtet man beispielsweise die Präambel der Verfassung Japans, so fällt einem sofort auf, dass sie in schrecklichem Japanisch geschrieben ist. Es handelt sich hierbei um eine Übersetzung, doch ich bin der Meinung, dass man dies nicht einmal mehr als Japanisch bezeichnen kann. Die Präambel lautet übersetzt wie folgt:

„Wir, das japanische Volk, handelnd durch unsere rechtmäßig gewählten Vertreter im nationalen Parlament, entschlossen für uns und unsere Nachkommen die Früchte friedlicher Zusammenarbeit mit allen Nationen und das Glück der Freiheit in unserem ganzen Lande zu sichern und nie wieder

durch Handlungen der Regierung von den Gräueln eines Krieges heimgesucht zu werden, erklären hiermit, dass die souveräne Macht beim Volke ruht und setzen diese Verfassung fest. Regierung ist ein geheiligter Auftrag des Volkes, ihre Autorität leitet sich vom Volke ab, ihre Macht üben die Vertreter des Volkes aus und das Volk zieht daraus den Nutzen. Dies ist ein allgemeiner Grundsatz der Menschheit, auf dem diese Verfassung beruht. Wir verwerfen und widerrufen alle Verfassungen, Gesetze, Verordnungen und Erlasse, die hiermit in Widerspruch stehen.

Wir, das japanische Volk, wünschen Frieden für alle Zeiten und sind uns der hehren Ideale, die die Beziehungen unter den Menschen regeln, tief bewusst und sind entschlossen, im Vertrauen auf die Gerechtigkeit und die Glaubwürdigkeit aller friedliebenden Völker der Welt, unsere Sicherheit und

Existenz zu bewahren. Wir wünschen, einen ehrenvollen Platz in einer internationalen Gesellschaft einzunehmen, die sich um die Erhaltung des Friedens und für alle Zeit um die Verbannung von Tyrannei und Sklaverei,

Unterdrückung und Unduldsamkeit von der Erde bemüht. Wir erkennen an,

dass alle Völker der Welt das Recht haben, in Frieden zu leben, frei von Furcht und Armut.

Wir glauben, dass keine Nation nur sich selbst verantwortlich ist, sondern dass die Gesetze der politischen Moral allgemeine Gültigkeit haben, auch dass die Befolgung dieser Gesetze allen Nationen obliegt, dic ihre eigene Souveränität erhalten und ihre souveränen Beziehungen zu anderen Nationen rechtfertigen wollen.

Wir, das japanische Volk, geloben bei unserer nationalen Ehre, diese hohen Ziele mit allen Kräften zu verwirklichen."[3]

Können Sie dies verstehen? Es ist wahrhaftig schlecht geschrieben, Könnten Sie mir eine Antwort liefern, wenn ich Sie darum bitten würde, mir mit einfachen Worten zu erklären, was die Präambel uns sagen will? Die englische Originalversion existiert immer noch, doch wenn sie übersetzt wird, entsteht daraus dieser schreckliche Text.

Verschiedene Probleme in der Präambel der Verfassung

Meiner Meinung nach finden sich bereits in der Präambel der Verfassung eine ganze Reihe von Problemen

(1) Das Verständnis vom Zweiten Weltkrieg ist

[3] An dieser Stelle und im weiteren Verlauf dieses Buches: „Die Japanische Verfassung vom 3.11.1946" (offizielle Übersetzung der japanischen Regierung), unter: http://web.archive.org/web/20070519022015/www.cx.unibe.ch/~ruetsche/japan/Japan3.htm#Die%20Japanische%20Verfassung%20vom%203.11.1946 (abgerufen am 14.05.2014).

falsch

Zunächst heißt es: „Wir haben beschlossen, nie wieder durch Handlungen der Regierung von den Gräueln des Krieges heimgesucht zu werden.“ Dies bedeutet: „Die Regierung hat den Krieg allein geführt, und das Volk hatte nichts damit zu tun.“ Doch dies ist nicht der Fall. Ein Großteil der Bevölkerung befürwortete den Krieg.

(2) In der Präambel heißt es, die Souveränität soll beim Volke bleiben, doch die eigentliche Verfassung, die daraufhin folgt, beginnt dann mit der Aufzählung der Regeln des kaiserlichen Systems

Weiterhin heißt es: „Wir erklären, dass die souveräne Macht beim Volke ruht, und setzen diese Verfassung fest.“ Die Souveränität soll also beim Volk bleiben. Doch im ersten Artikel der Verfassung heißt es: „Der Kaiser“, und sie beginnt mit der Aufzählung der Regeln des kaiserlichen Systems. Indem es zunächst heißt: „Die souveräne Macht ruht beim Volk“, und dann die Beschreibung des kaiserlichen Systems folgt, weckt dies den Anschein, der Kaiser sei das Staatsoberhaupt. Daher ist die Verfassung von den ersten Zeilen an falsch.

In Artikel 14 heißt es: „Alle Bürger sind vor dem Gesetz gleich und es gibt keine Benachteiligung in politischer, wirtschaftlicher oder gesellschaftlicher Hinsicht wegen Rasse, Glauben, Geschlecht, gesellschaftlicher Stellung oder familiärer Herkunft. Adlige und der Adelsstand werden nicht anerkannt.“ Dennoch sind die Mitglieder der Herrschaftsfamilie Adelige. Dies ist ein klarer Widerspruch.

Die Verfassung ist ein einziges Chaos, und es scheint, als hätte sie ein recht verwirrter Mensch geschrieben. Ich muss außerdem erwähnen, dass es den Anschein hat, als seien darin Elemente der Meiji-Verfassung enthalten.

(3) Es sind Gedanken enthalten, die gegen die Menschenrechte verstoßen

Außerdem heißt es in der Präambel: „Wir, das japanische Volk, wünschen Frieden für alle Zeiten und sind uns der hehren Ideale, die die Beziehungen unter den Menschen regeln, tief bewusst und sind entschlossen, im Vertrauen auf die Gerechtigkeit und die Glaubwürdigkeit aller friedliebenden Völker der Welt, unsere Sicherheit und Existenz zu bewahren."

Dies bedeutet: „Nur Japan ist ein schlechtes Land – alle anderen Länder, wie auch Nordkorea, und der Irak in Husseins Ära – sind friedliebende Nationen. Daher wollen wir diesen Menschen vertrauen, um unsere eigene Sicherheit und Existenz zu bewahren." Doch wenn sich herausstellt, dass jene Länder schlecht sind, wird es nichts nützen, wenn wir jammern und wehklagen – es wird vorbei sein mit uns.

Sagt ein Land beispielsweise zu uns: „Aha, das habt ihr also in eurer Verfassung beschlossen. Nun gut – dann werden wir jetzt euer Land angreifen, also los, vorwärts mit euch, ab in den Tod!", dann werden wir nichts dagegen unternehmen können. Wir haben eine Verfassung, die es jedem Land erlaubt, Japan zu besetzen. Ist ein Land weder fair noch loyal und auch nicht friedliebend, so kann es Japan spielend leicht besetzen.

Natürlich gibt es auch den Ansatz, dem Ganzen die

Schärfe zu nehmen. Das soll heißen: „Dies ist einfach nur eine schöne Floskel. Sie hat inhaltlich keinerlei Bedeutung. Mit anderen Worten: Es ist einfach nur die Formulierung eines Ideals.“ Doch es ist nicht in Ordnung, wenn man mit einem Sack voller Lügen daherkommt. Tatsächlich haben auch nach dem Zweiten Weltkrieg noch eine ganze Reihe von Kriegen stattgefunden, und es kam auch zwischen den Vereinigten Staaten und der Sowjetunion zur Androhung eines Atomkrieges. Auch jetzt noch herrschen mehrere kriegsähnliche Krisen.

Die Leitlinien der Präambel unserer Verfassung lassen auf Gutes hoffen – doch sie fallen in sich zusammen, wenn man sie auf ihren Realitätsgehalt hin überprüft. Es ist gefährlich, eine einseitige Erklärung abzugeben und dann mit gebundenen Händen dazustehen. Daher muss ich sagen: „In der Präambel stecken mehrere Gedanken, die gegen die Grundrechte des japanischen Volkes verstoßen.“

(4) Japan nimmt in der internationalen Gemeinschaft keinen „ehrenvollen Platz“ ein

Dann heißt es in der Präambel: „Wir wünschen, einen ehrenvollen Platz in einer internationalen Gesellschaft einzunehmen, die sich um die Erhaltung des Friedens und für alle Zeit um die Verbannung von Tyrannei und Sklaverei, Unterdrückung und Unduldsamkeit von der Erde bemüht.“

Darauf möchten wir erwidern: „Nun gut – und was ist mit Nordkorea?“

Die Vereinten Nationen bestehen aus rund 200 Mitgliedsstaaten. Von diesen nimmt Japan seit langer Zeit den ersten oder zweiten Platz ein, was die Abtretung von finanziellen Beiträgen betrifft. Im Grunde ist die Situation so, dass Japan ständig dazu gezwungen ist, Geld zu verteilen, ohne sich dagegen wehren zu können. Japan hat zu wenig Mitspracherecht.

Inzwischen besitzen die fünf ständigen Mitglieder des Sicherheitsrates ein Vetorecht. Dazu muss ich sagen: „Wenn die ständigen Mitgliedsländer so toll sind, dann sollten sie auch ihren finanziellen Beitrag in entsprechender Weise leisten." Sie leisten ihren Beitrag nicht, und man hat den Eindruck, als wollten sie ganz arrogant sagen: „Wir machen das nicht, weil wir den Krieg gewonnen haben." Mit anderen Worten: „Die Vereinten Nationen bestehen aus den Gewinnern des Zweiten Weltkrieges." Daher sind die Vereinten Nationen nicht auf Gerechtigkeit und Gleichberechtigung gebaut.

Im Zweiten Weltkrieg ging es nicht einfach nur um „Demokratie kontra Faschismus"

Manche Menschen denken, im Zweiten Weltkrieg ging es um „Demokratie oder Faschismus" und glauben, „dass die demokratischen Länder die faschistischen Länder besiegt haben". So wird es in den Schulbüchern in den Vereinigten Staaten dargestellt. Japan, Deutschland und Italien waren die bösen Länder, daher können sie keine ständigen Mitglieder sein.

Ist diese Vorstellung von „Demokratie kontra Faschismus" denn korrekt? Analysiert man die Thematik aus historischer Sicht, so kommt man zu dem Schluss, dass dies nicht unbedingt richtig ist. Winston Churchill vom Vereinigten Königreich verbündete sich mit Joseph

Stalin aus der Sowjetunion, um gegen Deutschland zu kämpfen. Damals sagte Churchill, er sei bereit dazu, sogar einen Pakt mit dem Teufel einzugehen, um das Vereinigte Königreich zu beschützen. Er wusste, dass Stalin eine teuflische Ader besaß. Dennoch musste er den Pakt mit dem Teufel eingehen, um sein Land vor der Zerstörung zu bewahren. Das war in dem Moment, als das Vereinigte Königreich am Abgrund zur Zerstörung stand, nachdem Deutschland eine ganze Menge Raketen abgeschossen hatte. Daher paktierte er mit Stalin. Analysiert man, was danach geschah, so erkennt man, dass die Sowjetunion ebenfalls ein totalitärer Staat war. Ein totalitärer Staat bekämpfte einen anderen totalitären Staat. Im Zweiten Weltkrieg ging es somit nicht einfach um „Demokratie kontra Faschismus", sondern es gab durchaus auch einige Überschneidungen.

Es ist zu bezweifeln, ob es wirklich stimmt, dass die Sowjetunion zu den Siegern des Krieges gehört. Das kommunistische System bestand mehr als 70 Jahre lang, und das Land tötete viele der eigenen Leute. Es heißt, es seien etwa 20 Millionen Menschen gestorben, und es können sogar noch mehr gewesen sein. Die exakten Zahlen sind unbekannt, doch es ist klar, dass eine große Zahl an Bürgern durch eine Einparteiendiktatur eine Säuberung erfuhren und kontrolliert wurden. In diesem Sinne ist es fraglich, ob es wirklich richtig war, dass die Sowjetunion zu den Siegern des Krieges gehörte.

Wäre Hitler etwas stärker gewesen und hätte er Stalin besiegt, und Hitler wäre danach besiegt worden, hätte die Situation vielleicht besser ausgesehen. Aus irgendeinem Grund lief die Sache schief, und Stalin überlebte. Infolgedessen haben offensichtlich viel mehr Menschen gelitten. Folglich ist es problematisch, wenn man diesen Krieg einfach als einen binären Konflikt betrachtet.

Außerdem machen manche Menschen keinen Unterschied, was die Rolle Japans und Deutschlands damals betrifft. Doch ich persönlich finde, es gab einen Unterschied. In Puncto Religion waren beide von spirituellen Kräften getrieben. Deutschland hatte eine traditionelle germanische Naturreligion. Mit der aktuellen Terminologie von Happy Science ausgedrückt entspricht dies in etwa dem „Nebenhimmel" in der spirituellen Welt, und es ist klar, dass diese Menschen von der Kraft der schwarzen Magie getrieben waren.

Was Japan betrifft – wie sich aus meinen spirituellen Readings ergibt – befürworteten die Götter des japanischen Shintoismus im „Haupthimmel" den Krieg. Daher liegt die Verantwortung für den Krieg sowohl beim Kaiser als auch bei den Göttern Japans. Damals dachten die Götter Japans: „Wenn sich die Religion Japans über die ganze Welt verbreitet, wird die Welt glücklich werden."

Betrachtet man, was nach dem Krieg geschah, so zeigt sich, dass dieser Gedanke nicht ganz falsch war. Angesichts des nachfolgenden Wohlstands Japans muss man zugeben, dass die Vorstellung, es habe „ein bestimmtes Maß an Einfluss im Pazifischen Becken", nicht falsch war.

Was die Frage angeht, wie viele Zivilisten sie wohl in anderen Ländern getötet und verletzt haben, tut sich hier womöglich noch mehr Raum für Selbstreflexion auf. Dennoch bin ich der Meinung, dass es falsch ist zu sagen: „Der eine hat absolut Recht und der andere absolut Unrecht". Aus diesem Blickwinkel erscheint es

Unrecht von den Amerikanern, dass sie den Ureinwohnern das Land gestohlen haben. Die Vereinigten Staaten können vielleicht gar nicht erklären, warum es für sie akzeptabel war, Hawaii und Guam zu erobern. Die Vereinigten Staaten haben sich auch bis heute nicht offiziell dafür entschuldigt, dass sie bei den großen Luftangriffen auf Tokio und bei den Atombombenabwürfen auf Hiroshima und Nagasaki usw. so viele japanische Zivilisten getötet haben.

Es scheint, als könne dies nur mit dem Satz umschrieben werden: „Geschichte wird von den Siegern geschrieben, zu deren Vorteil." Es gibt im Krieg immer Gewinner und Verlierer, und die Geschichte wird von den Gewinnern geschrieben. Wenn man daher die Geschichte neu schreiben möchte, so muss man hart daran arbeiten.

4. Probleme mit dem kaiserlichen System

Es ist in Ordnung, das kaiserliche System als kulturelles und historisches Symbol aufrecht zu erhalten

Als nächstes möchte ich über das kaiserliche System sprechen.

Das kaiserliche System besteht seit 125 Generationen, über einen Zeitraum von Zweitausend und mehreren Hundert Jahren. Dies ist in den anderen Ländern der Welt selten der Fall. Daher ist es wahrscheinlich gut für das Land Japan, wenn man das System als solches in gewisser Form bewahrt.

Dennoch wird der derzeitige Kaiser, politisch betrachtet, in gewisser Weise als das Staatsoberhaupt gesehen, in anderer Hinsicht wiederum nicht. Mit anderen Worten: Er ist vergleichbar mit einer Fledermaus – nicht wirklich ein Vogel und auch nicht wirklich ein Landtier. Was dies betrifft, so werfen sich für mich da einige Fragen auf.

Offensichtlich war der Kaiser vor der Meiji-Zeit eine Art kulturelles Symbol. Er lebte in Kyoto und diente als Kultursymbol. Doch eine Gruppe von Menschen war der Ansicht, dass die Niederlage des Tokugawa-Shogunats, die diesem durch die Militärkräfte der Satsuma-Choshu-Allianz beigebracht worden war, nicht ausreichen würde, um das Land zu stabilisieren. Daher benutzten sie den Namen des Kaisers als Vorwand, verliehen diesem eine politische Präsenz und setzten die neue Regierung ein. Die Menschen, die diese Taktik angewandt haben, waren schlichtweg Genies.

Im Laufe der Geschichte standen die Kaiser nicht immer politisch an der Spitze ihres Landes. Dies kann man an der Geschichte Japans erkennen. Der Kaiser besaß eine kulturelle Präsenz, doch in politischer Hinsicht war seine Präsenz oft im Verborgenen und der Öffentlichkeit entzogen. Meist besaßen das Shogunat und andere die wahre Macht. Manchmal, wenn ein Shogunat wechselte, brachte die Tatsache, dass es einen Kaiser gab, politische Stabilität, manchmal aber sorgte dies auch für Verwirrung. Es ist offensichtlich, dass das kaiserliche System aufgrund göttlicher Vorsehung durch die japanischen Shinto-Götter so lange Zeit über Bestand hat. Dementsprechend ist es angemessen zu denken: „Da der Kaiser ein kulturelles und historisches Symbol Japans geworden ist, sollte die lange Tradition des kaiserlichen Systems fortgesetzt werden."

Dennoch ist es eine glatte Lüge, wenn es in Artikel 1 heißt: „Seine Stellung leitet sich vom Willen des Volkes ab, bei dem die souveräne Macht ruht.“ Der Kaiser erhielt diese Position nicht aufgrund des Volkswillens infolge eines Referendums. Die Verfassung lügt in ihrem ersten Artikel ganz klar. Ich bin der Meinung, dass dieser Teil korrigiert werden muss.

Es ist nicht falsch, wenn man sagt, dass Japans Armee im Zweiten Weltkrieg in gewissem Sinne „die Armee des Kaisers“ war. Die Menschen kämpften und starben für den Kaiser. Daher lag die Verantwortung für den Krieg ganz klar auch mit beim Kaiser. In Europa und anderswo auf der Welt haben alle Länder, die im Krieg besiegt wurden, ihren Königshof verloren. Ich denke, dass die Tatsache, dass Japan seinen Kaiserhof nicht verloren hat, viel mit der persönlichen Meinung von MacArthur zu tun hatte. Es stimmt, dass Kaiser Hirohito seine besonderen Tugenden besaß. Doch der wahre Grund war, dass MacArthur fürchtete, dass Japan zu einem Land ohne Verhandlungspartner werden und im Sumpf versinken würde. Es scheint, als hätte man den Kaiser als Symbol bewahrt, um eine Situation zu vermeiden, wie sie im Irak in den letzten Jahren herrscht. Ich bin überzeugt davon, dass dies ein politischer Schachzug war.

Ich denke, es ist in Ordnung, ein kaiserliches System zu haben. Doch ich finde es nicht richtig, dass dessen Regeln im ersten Artikel der Verfassung festgesetzt sein sollten.

Für das Ausland ist nicht klar, wer das Staatsoberhaupt ist

In Artikel 7 sind folgende Regeln festgesetzt:

„Der Kaiser vollzieht auf Empfehlung und mit Zustimmung des Kabinetts im Interesse des Volkes folgende Handlungen in Staatsangelegenheiten:

i. Die Verkündigung von Verfassungsänderungen, von Gesetzen, Kabinettsverordnungen und Verträgen.
ii. Die Einberufung des Parlaments.
iii. Die Auflösung des Repräsentantenhauses.
iv. Die Ausschreibung einer allgemeinen Wahl der Parlamentsmitglieder.
v. Die Bestätigung der Ernennung und Entlassung von Staatsministern und anderen Amtsträgern, wie vom Gesetz vorgesehen, sowie der Vollmachten und Beglaubigungsschreiben der Botschafter und Gesandten.
vi. Die Bestätigung einer allgemeinen und besonderen Amnestie, einer Strafmilderung, einer Begnadigung und einer Wiederherstellung der Rechte.
vii. Die Verleihung von Auszeichnungen.
viii. Die Bestätigung von Ratifikationsurkunden und anderen diplomatischen Dokumenten, wie vom Gesetz vorgesehen.
ix. Den Empfang fremder Botschafter und Gesandter.
x. Die Durchführung zeremonieller Funktionen.“

Dies klingt nach großen Einschränkungen für einen Kaiser. Es handelt sich um einen sehr schlecht erstellten Artikel. Wenn der Kaiser all diese Ämter ausführen soll, ist er so beschäftigt, dass er krank wird. Es besteht für diese Vielzahl an Aufgaben keinerlei Notwendigkeit. In Wirklichkeit hat er wahrscheinlich viele Diener in der Verwaltung des Kaiserhofes, die ihn unterstützen, doch ich bin der Meinung, dass der Kaiser nicht solche hinderlichen Aufgaben übertragen bekommen sollte.

Die Verfassung sagt im Grunde: „Es ist in Ordnung, wenn der Kaiser zeremonielle Aufgaben übernimmt, doch er soll keine praktischen Aufgaben erhalten." Die Aufgaben werden in Regierungsangelegenheiten und Staatsangelegenheiten unterteilt. Die Begriffe „Staatsangelegenheiten" und „Regierungsangelegenheiten" werden im Japanischen gewöhnlich folgendermaßen getrennt: „Pflichten, die mit Staatsangelegenheiten verbunden sind, werden als zeremonielle Funktionen eingestuft und der Aufgabe des Kaiser unterstellt, während Aufgaben, die Regierungsangelegenheiten betreffen, in den Aufgabenbereich des Kabinetts fallen."

Der Kaiser agiert zwar als Staatsoberhaupt, wenn er Würdenträger aus dem Ausland empfängt, doch in Wirklichkeit besitzt er keinerlei Macht oder Verantwortung. Dieses System ist sehr verwirrend. Dies ist vergleichbar damit, wenn man jemandem sagt: „Ein weißes Pferd ist kein Pferd" – jeder normale Mensch verliert dabei seinen Verstand. Die Argumentationskette lautet: „Ein Pferd ist ein Pferd, doch ein weißes Pferd ist kein Pferd. Folglich ist ein schwarzes Pferd auch kein Pferd, genauso wenig wie ein braunes Pferd. Was macht dann ein Pferd zum Pferd?"

Eine Reihe von Aufgaben werden in „Staatsangelegenheiten" und „Regierungsangelegenheiten" getrennt. Doch der Kaiser unterzeichnet Gesetze. So betrachtet ist er anscheinend in gewissem Sinne Staatsoberhaupt. Die Vorstellung dabei ist folgendermaßen: „Er ist Staatsoberhaupt, doch die Verantwortung liegt beim Kabinett, denn das Kabinett erteilt Ratschläge und Genehmigungen." Das bedeutet: „Der Kaiser steht an der Spitze, doch er hat keine Verantwortung. Diese liegt bei seinen Untergebenen." Hier wird der Versuch unternommen, die gleichen Prinzipien anzuwenden, die es ermöglichten, dass das kaiserliche System den Zweiten Weltkrieg überlebt hat, doch die Situation ist nicht sehr klar.

In der Tat ist dies der Grund, weshalb andere Länder Japan nicht vertrauen, sie sagen: „Wir wissen nicht, wer dort die Entscheidungen fällt." Ist der Premierminister das Staatsoberhaupt, so kann alles durch Verhandlungen mit ihm entschieden werden. Daher kann der Kaiser als kulturelles Symbol bestimmt werden und sollte vielleicht gar nicht in die Politik einbezogen werden.

Ist andererseits der Kaiser die politische Leitfigur, so sollte er doch auch über eine gewisse Entscheidungsbefugnis verfügen. Natürlich bringen Entscheidungen auch Verantwortung mit sich. In diesem Fall würde er dann in Zeiten wie nach dem Ende des Zweiten Weltkrieges höchstwahrscheinlich die Todesstrafe bekommen. Es hat den Anschein, als würde man ständig die Interpretation ändern und allen Problemen ausweichen. Doch solch eine Logik funktioniert auf Dauer nicht.

Ich bin der Meinung, es wäre in Ordnung, klar zu sagen: „Der Premierminister hat als Staatsoberhaupt die Verantwortung." Besser noch wäre es, falls möglich, ein Präsidialsystem einzuführen. Solange wir dies nicht tun, wird Japan als Land nicht vertrauenswürdig sein. „Bei Verhandlungen ist es nicht klar, wer die Entscheidungsbefugnis hat. Derzeit hat es den Anschein, als würden Hilfsbeamte in leitender Position die Einschätzungen und Entscheidungen in Regierungsangelegenheiten treffen.

5. Probleme mit Artikel 9 der Verfassung

Der Artikel 9 der Verfassung steckt voller Lügen

Der problematischste Teil der Verfassung ist Artikel 9, „Verzicht auf Kriege":

„In aufrichtigem Streben nach einem auf Gerechtigkeit und Ordnung gegründeten internationalen Frieden verzichtet das japanische Volk für alle Zeiten auf den Krieg als ein souveränes Recht der Nation und auf die Androhung oder Ausübung von Gewalt als Mittel zur

Beilegung internationaler Streitigkeiten.

Um das Ziel des vorhergehenden Absatzes zu erreichen, werden keine Land-, See- und Luftstreitkräfte oder sonstigen Kriegsmittel unterhalten. Ein Recht des Staates zur Kriegsführung wird nicht anerkannt."

Wie wäre es, wenn wir diesen Artikel mit wachem Blick analysieren? Pazifismus, „das Streben nach Frieden", ist in Ordnung. Doch wenn es in der Verfassung heißt: „Das japanische Volk verzichtet für alle Zeiten auf die Androhung oder Ausübung von Gewalt als Mittel zur Beilegung internationaler Streitigkeiten", so bedeutet dies, dass Unternehmungen der Selbstverteidigungsstreitkräfte der Marine, um Piraten von der Küste Somalias zu vertreiben, „Androhung von Gewalt" darstellen. Allein damit haben wir also bereits die Verfassung gebrochen.

Wir setzen viele heimliche Methoden ein, wie etwa die Verabschiedung des „Gesetzes über die Selbstverteidigungsstreitkräfte" und andere Gesetze, um es uns zu ermöglichen zu handeln, ohne erst die Verfassung ändern zu müssen. Wir sollten etwas mehr Ehrlichkeit an den Tag legen. Wenn die Regelungen in der Verfassung nicht mehr angemessen sind, sollten wir die Verfassung ändern. Das Vertreiben von Piraten an der Küste Somalias wird von niemandem in der internationalen Gemeinschaft abgelehnt. Daher ist es besser, wenn wir dies im Einklang mit der Verfassung tun können.

Außerdem heißt es dort: „Um das Ziel des vorhergehenden Absatzes zu erreichen, werden keine Land-, See- und Luftstreitkräfte oder sonstigen Kriegsmittel unterhalten." Was sind dann bitte die Selbstverteidigungsstreitkräfte? Der Begriff „Selbstverteidigungsstreitkräfte" soll implizieren, dass „Streitkräfte" keine „Militärkräfte" sind. Dies ist gleichbedeutend mit dem Ausspruch „Ein weißes Pferd ist kein Pferd". Würde mir jemand erklären wollen: „Selbstverteidigungsstreitkräfte sind keine Militärstreitkräfte", so würde ich erstaunt denken: „Dazu braucht es aber viel Fantasie!"

Dem Argument: „Sie dienen der Selbstverteidigung – daher sind sie keine Militärstreitkräfte", ist entgegenzusetzen, dass jedes andere Land zu Selbstverteidigungszwecken Militärstreitkräfte unterhält. Sollte bei den Vereinten Nationen jemand sagen: „Wessen Land verfügt über Militärkräfte zum Zwecke des Angriffes? Bitte Hand heben!", so würde wahrscheinlich niemand die Hand heben. Die Vereinigten Staaten sind derzeit offenkundig in sehr aggressive Unternehmungen involviert, doch sie würden dies wahrscheinlich niemals öffentlich zugeben. Sie würden vielleicht sagen, dass sie solche Unternehmungen nur zur Selbstverteidigung durchführen oder um den internationalen Frieden aufrecht zu erhalten, und nicht zum Zwecke des Angriffs.

Die Selbstverteidigungsstreitkräfte bestehen ganz klar aus „Land-, See- und Luftstreitkräften oder sonstigen Kriegsmitteln." Jedes andere Land erkennt, dass unsere Selbstverteidigungsstreitkräfte aus Land-, See- und Luftstreitkräften bestehen. Sie werden niemals als etwas anderes interpretiert. Die meisten Menschen im Ausland haben die Verfassung Japans nicht gelesen. Würden sie diese Verfassung kennen, so würden sie diese wahrscheinlich für merkwürdig halten. Die Präambel und Artikel 98 bedeuten im Grunde: „Gesetze, die der Verfassung widersprechen, sind ungültig." Daher müsste das Gesetz über die Selbstverteidigungsstreitkräfte ungültig sein.

Aus diesem Grund muss die Verfassung geändert werden. Es heißt, wir sollten keine Land-, See- oder Luftstreitkräfte haben. Doch theoretisch haben wir diese ja. Das Gesetz über die Selbstverteidigungsstreitkräfte ist verfassungswidrig. Wenn wir die Selbstverteidigungsstreitkräfte zum Schutze unseres Landes brauchen, sollten wir die Verfassung ändern. Ich denke, die Tatsache, dass wir es vermeiden, die Verfassung zu ändern und die Selbstverteidigungsstreitkräfte nur rufen, wenn es notwendig wird, uns zu beschützen, ist hinterlistig und durchtrieben.

Schluss mit der Uminterpretation der Verfassung – lasst uns die Basis für die Selbstverteidigungsstreitkräfte schaffen

„Ein Recht auf Kriegsführung des Staates wird nicht anerkannt" erinnert voll und ganz an die Einstellung damals, als die Vereinigten Staaten die Ureinwohner Amerikas eroberten. Es ist gleichbedeutend mit der Aussage: „Die Ureinwohner Amerikas dürfen niemals einen Schießbogen besitzen, denn sonst könnten sie Kavalleristen töten.“ Dies ist ein Verstoß gegen die Menschenwürde. Während des Zweiten Weltkrieges erklärten die Vereinigten Staaten: „Das japanische Volk besteht aus Affen“ und behandelte es infolgedessen wie Tiere. Dieser Abschnitt der Verfassung scheint auf dieser Denkweise zu fußen und ist daher sehr unhöflich.

Sollte dieser Abschnitt geändert werden, so ist es meiner Meinung nach in Ordnung, wenn ein Hauch von Pazifismus mitschwingt, doch es wäre wahrscheinlich besser zu sagen: „Wir verzichten in Zukunft auf Angriffskriege und werden uns nur noch auf die Verteidigung konzentrieren.“ Wir sollten auch die Grundlage für das Gesetz über die Selbstverteidigungsstreitkräfte klären, indem wir ganz klar postulieren: „Wir werden zu diesem Zweck als inhärentes Recht Kriegsmittel unterhalten.“ Es ist nicht gut, wenn man lügt.

In Artikel 9, Absatz 2, heißt es auch: „Um das Ziel des vorhergehenden Absatzes zu erreichen“. Folglich hat man die Verfassung in folgendem Sinne uminterpretiert: „Wir werden keine Land-, See- oder Luftstreitkräfte oder sonstigen Kriegsmittel unterhalten, um das Ziel des vorhergehenden Absatzes zu erreichen. Wir dürfen diese aber zu anderen Zwecken unterhalten, nur nicht zu diesem.“ Dieser Einschub „Um das Ziel des vorhergehenden Absatzes zu erreichen“ erfolgte im Zuge der so genannten „Ashida-Revision“. So kam es zu diesem Unfug. Es ist erstaunlich, dass man sich solch eine Korrektur ausdenken konnte. In der Verfassung heißt es: „Das japanische Volk verzichtet für alle Zeiten auf den Krieg als ein souveränes Recht der Nation und auf die Androhung oder Ausübung von Gewalt als Mittel zur Beilegung internationaler Streitigkeiten." Daher wurde die Verfassung uminterpretiert zu der Aussage: „Wir werden keine Land-, See- und Luftstreitkräfte oder sonstigen Kriegsmittel unterhalten, um Gewalt auszuüben, doch es ist in Ordnung, Land-, See- und Luftstreitkräfte oder sonstiges Kriegspotenzial für andere Zwecke zu unterhalten. Es ist erlaubt, Militärstreitkräfte rein zu Selbstverteidigungszwecken zu unterhalten, nicht jedoch, zum Schutze des Lebens der eigenen Bürger."

Dennoch sollten wir den Lügen ein Ende setzen und die Aussagen klar formulieren. Ich mag diese vielen Lügen nicht. Militärstreitkräfte sind notwendig. Japan hat sich zu einem bedeutenden Land entwickelt. Daher ist es für uns nur natürlich, Militärstreitkräfte zu unterhalten. Ich bin der Ansicht, wir sollten den „goldenen Mittelweg" ins Auge fassen und die Linie folgendermaßen ziehen: „Wir werden keine Erstangriffe starten. Doch wenn wir selbst angegriffen werden, werden wir richtig kämpfen, um unsere Bürger zu schützen." Ich bin der Meinung, unsere Verfassung sollte in dieser Weise umgeschrieben werden.

6. Probleme mit dem Begriff „Religionsfreiheit"

Artikel 20 bietet Nährboden für religiöse Verfolgung

In der Verfassung finden sich auch viele ins Detail gehende Absätze, die darin gar nichts verloren haben. Die Verfassung enthält viele genaue Vorschriften über das Parlament und andere Angelegenheiten, die wahrscheinlich besser über Gesetze geregelt werden sollten. Somit wird also die Rangfolge zwischen Gesetzen und der Verfassung vermischt.

Ein Hauptthema, das Happy Science unbedingt aufgreifen muss, ist der Abschnitt über „Religionsfreiheit“.

In Artikel 19 findet sich folgender Absatz: „Gedanken- und Gewissensfreiheit ist unverletzlich.“ Dies geht in einer Formulierung in Artikel 20 sogar noch weiter: „Religionsfreiheit wird allen garantiert. Keine religiöse Organisation darf vom Staat mit Sonderrechten ausgestattet werden oder irgendeine politische Macht ausüben.“ (Absatz 1). „Niemand darf gezwungen werden, an irgendeiner religiösen Handlung, Feier, an einem Brauch oder einer Übung teilzunehmen.“ (Absatz 2) „Der Staat und seine Organe haben sich der religiösen Erziehung oder jeder anderen religiösen Betätigung zu enthalten.“ (Absatz 3)

Ich finde, dass die Art und Weise der Zusammenstellung von Artikel 20 jede Menge Verwirrung stiftet. Es wäre in Ordnung, wenn es einfach nur hieße: „Religionsfreiheit wird allen Menschen garantiert.“ Doch im Anschluss daran folgen in den nächsten Absätzen viele Dinge, die zu unterlassen sind, so dass es am Ende so wirkt, als wolle man sagen: „Es ist verboten, religiöse Aktivitäten auszuführen.“ Religion wird als Tabu dargestellt, indem man sagt: „Der Staat und seine Organe haben sich jeder religiösen Betätigung zu enthalten.“ In der Tat ist es nicht zu leugnen, dass dies den Eindruck erweckt, es würde bedeuten: „Die Staatsregierung und die öffentlichen Institutionen werden sich in keinster Weise in Angelegenheiten einmischen, die mit Religion zu tun haben – macht daher im Hinblick auf Religion, was ihr wollt."

Interpretiert man dies wohlwollend, so scheint es zu bedeuten: „Wir werden den Wettbewerb unter den Religionen erlauben. So, wie es das Recht auf freie Meinungsäußerung gibt, können auch die Religionen untereinander frei konkurrieren, und der Staat wird sich dabei nicht einmischen." Doch angesichts der Art und Weise, wie diese Absätze formuliert sind, muss ich sagen: Dies bietet Nährboden für eine religiöse Verfolgung.

Betrachten wir beispielsweise Artikel 23. Dem Thema „akademische Freiheit" ist gerade einmal eine einzige Zeile gewidmet: „Akademische Freiheit ist gewährleistet." Dies sollte auch für die Religion gelten. In der Verfassung sollte es heißen: „Religionsfreiheit ist für alle garantiert" – und damit sollte dieses Thema dann auch schon wieder enden. Mehr braucht es nicht. Alles, was danach folgt, wie: „Was muss unter welchen Umständen wie geschehen", sollte in eigenen Gesetzen geregelt werden und nicht in der Verfassung festgeschrieben sein. Da diese Absätze eingefügt wurden, gibt es Menschen, die sagen: „Religiöse Erziehung darf es an öffentlichen Schulen nicht geben", und der linke Flügel ist dadurch viel stärker geworden.

Die Aussage: „Keine religiöse Organisation darf vom Staat mit Sonderrechten ausgestattet werden oder irgendeine politische Macht ausüben" war ursprünglich auf den vom Staat mitfinanzierten Shintoismus gemünzt. Liest man diesen Absatz genau, so müsste er auch für das derzeitige kaiserliche System gelten. Der Kaiser ist ein Shinto-Priester, der höchste Priester im japanischen Shintoismus – und er beteiligt sich an Ritualen. Stirbt beispielsweise ein Kaiser, so findet ein Trauerritual, das „Mogari“ statt. Der Leichnam des verstorbenen Kaisers wird in einen Sarg gelegt. Der nachfolgende Kaiser muss sich neben den Leichnam legen. Dabei handelt es sich ganz eindeutig um eine religiöse Handlung. Rituale wie dieses werden seit dreitausend Jahren vollzogen. Die kaiserliche Familie nimmt an einer ganzen Reihe dieser durch und durch religiösen Akte teil, die nicht mit Politik zu tun haben. Folglich genießen diese Personen Sonderrechte.

Artikel 89 schränkt ohne Not den Spielraum der Religionen ein und erlegt diesen Vorschriften auf

Gegen Ende der Verfassung gibt es einen Absatz, in dem es heißt: „Öffentliche Geldmittel oder anderes öffentliches Vermögen dürfen zur Verwendung durch irgendwelche religiöse Institutionen oder Verbände, zu deren Gunsten oder Erhaltung sowie für mildtätige, bildende oder wohltätige Werke, die nicht der öffentlichen Aufsicht unterstehen, weder ausgegeben noch zur Verfügung gestellt werden.“ (Artikel 89), doch die Staatsregierung unterstützt die private Bildung mit Fördermitteln. Das Kultusministerium tut, was es kann, um Privatschulen und ähnliches kontrollieren zu können.

Vielleicht wird es, wenn Happy Science eine politische Partei gegründet hat, Menschen geben, die diesen Punkt aufgreifen und weiter daran arbeiten. Hierzu sind meine Gedanken wie folgt: Um es umgekehrt auszudrücken: Es scheint so, als schränke die Verfassung ohne

Not den Spielraum der Religionen ein und erlege diesen Vorschriften auf. Mit anderen Worten scheint sie sagen zu wollen: „Gott oder Buddha dürfen keine Politik predigen."

Doch es hat den Anschein, als wäre die Religion des japanischen Shintoismus bereits seit langer Zeit mit der Politik verschmolzen. Früher war der Kaiser ein Meister. Es gibt viele Beispiele hierfür in anderen Religionen. Wenn man also sagt: „Religionsführer können keine Aussagen zur Politik machen, und die Götter dürfen sich zu politischen Ideen oder Aktionen nicht äußern", so befiehlt die Verfassung, dass „die Götter den Mund halten sollen". Ich halte dies doch für etwas merkwürdig.

Wenn sich die Götter zu Politik und Wirtschaft äußern, ist es nur natürlich, dass die Gläubigen als Reaktion darauf aktiv werden. Solange „Religionsfreiheit" garantiert wird, kann dies natürlich vorkommen. Es ist in Ordnung, wenn es eine Religion gibt, bei der sich die Götter nicht für Politik interessieren und über andere Dinge als Politik reden. Doch es gibt durchaus auch Götter in dieser Welt, die Aussagen zur Politik, zur Wirtschaft und zu internationalen Situationen treffen. Basierend auf der Vorstellung von der „Religionsfreiheit" kann es natürlich politische und nicht politische Religionen geben.

In den Vereinigten Staaten gibt es rein formell Regelungen hinsichtlich der Trennung von Kirche und Staat, doch in Wirklichkeit schwört der Präsident der Vereinigten Staaten einen Eid auf die Bibel. Während der Zeremonie zur Amtseinführung von Präsident Barack Obama trat ebenfalls ein Religionsführer nach vorn auf die Bühne, und Herr Obama schwor einen Eid auf eine alte Bibel. Solche Dinge werden gewissenhaft durchgeführt.

Außerdem bestehen in den Vereinigten Staaten religiöse Konflikte zwischen Christen des rechten und linken Flügels. Die Obama-nahe Religionsrichtung könnte man vielleicht als links ausgerichtet betrachten. Sie bezeichnet den Atombombenabwurf auf Japan als entwürdigend. Obama müsste bereits seit 20 Jahren Mitglied bei dieser Religionsrichtung gewesen sein. Inzwischen sagen die Anhänger des rechten Flügels, dass Länder, die den Vereinigten Staaten nicht Gehorsam leisten, sofort angegriffen werden sollen, ohne zu zögern. In den Vereinigten Staaten sind also die Religionen derzeit gerade stark am politischen Geschehen beteiligt. Religiöse Organisationen werden aktiv, um ihre Vertreter zum Präsidenten oder zum Mitglied des Kongresses zu machen. In diesem Sinne üben Megakirchen gerade enorme Macht aus.

Religiöse Organisationen können in verschiedene Formen auftreten, nicht nur als politische Parteien, sondern auch als Bürgerinitiativen – und für solche „Pressure Groups“ ist es nur natürlich, dass sie ihre Meinung kundtun. Wenn religiöse Organisationen sich nicht entsprechend ihren Interessen politisch äußern dürfen, stimmt etwas nicht. Religion und Politik unterscheiden sich in gewisser Weise grundlegend. Daher halte ich es für besser, nun eine separate Organisation dafür zu gründen. Wenn ein Land erklärt, dass Politik in keinster Weise religiöse Themen widerspiegeln darf, so bedeutet das, dass es sich um ein materialistisch orientiertes Land handelt. Ich bin der Meinung, dass dies grundlegend falsch ist.

Außerdem erachte ich religiöse Erziehung für wichtig. Daher sollten die Erklärungen in Artikel 89 entfernt werden.

7. Der Wunsch, der Aufgabe zu dienen, die Welt vor Korruption und Dekadenz zu bewahren

Es gibt noch viele weitere Abschnitte in der Verfassung, die mich stören. Vieles davon ist jedoch technischer Natur, daher möchte ich sie nicht alle im Detail ansprechen. Auf Einzelheiten möchte ich gern zu einem späteren Zeitpunkt eingehen.

Politik basiert auf einer Rechenschaftspflicht gegenüber dem Ergebnis. Daher sollte man möglichst auch die Verantwortung für die Folgen übernehmen. Zu Beginn von „Kapitel IV: Das Parlament“ heißt es in der Verfassung: „Das Parlament ist das höchste Organ der Staatsgewalt und das einzige gesetzgebende Organ des Staates.“ (Artikel 41) Doch hierbei handelt es sich um eine Lüge. Manche Menschen mögen sagen, dass es sich an dieser Stelle nur um einen Euphemismus handelt, doch das Parlament ist mitnichten das einzige gesetzgebende Organ des Staates. Die meisten Gesetze werden in der Tat von Bürokraten erlassen, und einige wenige vom Kabinett. Die Wirklichkeit stimmt nicht mit dem Text der Verfassung überein. Solche offensichtlichen Lügen sollten korrigiert werden.

Meiner Meinung nach gibt es auch Anlass, die Abschnitte über das Oberhaus auf den Prüfstand zu stellen. Derzeit wird das Oberhaus „als Werkzeug benutzt, um politischen Zwist auszutragen“. Es arbeitet nicht als „Haus der Besonnenheit“. Es scheint, als gäbe es Anlass dazu, dies zu überprüfen. Manche beschreiben die Situation mit folgenden Worten: „Die Regierungsangelegenheiten sollten nicht jedes Mal unterbrochen werden, wenn sich das Unterhaus auflöst. Daher brauchen wir das Oberhaus vorbeugend zur Sicherheit." Doch wenn das Oberhaus in Zukunft unser „Haus der Besonnenheit" ist, sollten seine Mitglieder vielleicht auf der Grundlage von etwas anderen Prinzipien ausgewählt werden. Das Oberhaus hat andere Prinzipien als das Unterhaus. Ich persönlich bin der Meinung, dass man höchst fachkundige Menschen dafür auswählen sollte. Vielleicht wäre ein Auswahlverfahren sinnvoll, das dem Herrenhaus [dem nur Mitglieder des Adels angehörten] während der Meiji-Zeit ähnelt.

Es wäre auch in Ordnung, sich mit dem Unterhaus allein zu begnügen. Wir haben ein hohes Haushaltsdefizit, und eine Reduzierung der Anzahl der Versammlungsmitglieder würde auch das Haushaltsdefizit entsprechend abbauen. Würde man das Oberhaus auflösen, so ließen sich meiner Meinung nach viele Angelegenheiten schneller regeln. In diesem Falle wäre es gut, wenn – nach der Auflösung – etwa 20 % der Mitglieder des Unterhauses mit den besten Wahlergebnissen als Berater bleiben dürften, um die Rolle des Oberhauses einzunehmen. Eine bestimmte Anzahl der Kandidaten mit den meisten Wählerstimmen sollte den Part des Oberhauses spielen. Somit gibt es also offensichtlich auch andere Methoden, um Situationen zu vermeiden, bei welchen Mitglieder des Parlaments gänzlich unter den Tisch fallen. Mit dieser Thematik sollte man sich in Zukunft näher befassen.

Ich erwarte, dass die Menschen, die nicht bei Happy

Science sind, viele Kommentare zur „Religionsfreiheit" und zur „Trennung von Religion und Politik" abgeben werden. Es gibt jedoch auch religiöse politische Parteien in Europa und in den Vereinigten Staaten. Die meisten dieser Parteien sind zwar christliche Parteien, doch Religionsparteien gibt es in der Politik überall auf der Welt. Wenn diese Religionen einflussreich sind, und viele Bürger an diese Religionen glauben, dann ist nichts Ungewöhnliches daran, wenn sie politische Parteien bilden. Religionsgemeinschaften sind Stellvertreter der Besonnenheit. Unterhalten diese eine politische Partei, scheint es, so sind sie offensichtlich imstande, ihre Aufgaben zu erfüllen, nämlich, die Welt vor Korruption und Dekadenz zu bewahren.

Hiermit will ich meinen kurzen Exkurs über die Verfassung beenden.

8. Religion und Politik sollten einander ergänzen

Diese Punkte möchte ich gern als „Manifest der Glücksrealisierungspartei" festschreiben.

Die Gründung einer politischen Partei durch Happy Science ist Teil unserer Aktion „Wir möchten die Welt verbessern". Ab jetzt möchten wir die Zahl der Niederlassungen von Happy Science vor Ort in der Welt ausbauen. Ich bin der Meinung, dass wir letztendlich imstande sein müssen, unsere politischen Ideen in vielen Ländern der Erde umzusetzen.

Wenn wir beispielsweise ein Land wie Indien in bestimmter Hinsicht unterstützen wollen, können wir dies in manchen Bereichen nicht allein über die Religion tun. Slums wie sie in dem Film „Slumdog Millionär" gezeigt werden, liegen jenseits der Reichweite der Hilfe durch die Religion. Man kann ihnen ohne politische und wirtschaftliche Macht nicht helfen. Es wäre unmöglich, diesen Slums allein auf der Basis von Religion zu helfen, ohne zugleich auch die politische und wirtschaftliche Situation zu verbessern. Ich denke, es ist die politische Situation, die verbessert werden muss.

In Wirklichkeit lassen sich die Aufgaben von Religion und Politik nicht trennen – sie überschneiden sich in mancherlei Hinsicht. Menschen wie Mutter Teresa leisten Schwerstarbeit, um Flüchtlingshilfe zu bieten, wenn die Politik versagt. In gewisser Weise ist dies auch politische Arbeit. Mutter Teresa leistet nicht weniger spirituelle Arbeit, sondern geht vielmehr mit konkreten Handlungen aktiv ans Werk. Man sieht daran also, dass sich religiöse und politische Aspekte überlappen.

Es ist daher unmöglich, diese beiden Elemente voneinander zu trennen, offensichtlich ergänzen sich diese gegenseitig. Analog dazu scheint es so, dass man sich, wenn man auf dem Gebiet der Politik mehr Erfahrung gewinnt, auch bei den religiösen Aspekten weniger auf spezifische Hilfeleistungen versteift. Somit sollte sich die Religion mehr darauf konzentrieren, die Spiritualität zu erhöhen.

Hiermit möchte ich mein „Manifest der Glücksrealisierungspartei" abschließen.

Kapitel Zwei

The Manifesto of the Happiness Realization Party

„Manifest der Glücksrealisierungspartei“
auf Englisch

Videotaped April 30, 2009
Happy Science General Headquarters, Tokyo

Ryuho Okawa

1 Aiming to Build Buddhaland Utopia on Earth

We can't fulfill our responsibilities simply By making indirect proposals

I would like to speak on the topic of "The Manifesto of the Happiness Realization Party."

This means what it says; I am thinking of establishing the Happiness Realization Party.

Happy Science carries out a variety of activities, and has put forth proposals with regard to society. In this process, Happy Science has also made various concrete policy proposals to politicians. I believe that proposals will continue to be made in the future, but at the current stage, they are only made in an indirect manner.

Nevertheless, in terms of Happy Science's four fundamental teachings of love, wisdom, self-reflection and progress, the teachings of progress clearly include the objective of "building Buddhaland utopia on earth." This is "building Buddhaland utopia on earth," and not "building Buddhaland utopia in Heaven."

I think I should mention that since the words "utopia on earth" are used, this means that some type of proactive and concrete actions are set to be carried out on earth, and we have been waiting for the right time for such actions. There are many social forces that are needed in order to carry out such actions, and we have been waiting for them.

Up to now, this has involved developing a series of teachings, and sometimes implementing concrete political actions, one portion at a time. Nevertheless, with Happy Science transforming into a representative religion of Japan, we cannot afford to simply be seen as if we are running away and hiding, or pulling the strings behind closed doors, forever.

Since our actions are just, we should state our ideas and opinions, openly and squarely, and carry out our activities. We need to make ingenious efforts to realize the content of our ideas, creeds, and ways of thinking in this world, as a matter-of-fact.

There are many things that can be realized indirectly, but this is a very roundabout approach, and it sometimes requires time and compromise. Accordingly, I believe that the time has come when we at least need to have an organization that can convey Happy Science's messages related to activities for building a Buddhaland utopia in a straightforward manner, and actually take action in a worldly way.

For example, a statement like "in the world of education, education must be like this" can of course also be made in the context of religion. But even if such activities are carried out at first, when ideas come together to a certain degree, there will be a desire to put into practice, "education that incorporates religion." As such, Happy Science now needs schools, so currently we are working on "establishing schools that have religion as their backbone, and carrying out actual educational activities."

As can be seen in the magazine, *The Liberty* [by Tokyo, IRH Press.], Happy Science is making statements about international politics and economy that are somewhat cutting-edge for a religious organization. We take pride in the fact that some of our views and statements have already gone further than those of politicians and analysts. But there are serious doubts as to whether we can actually fulfill our responsibilities by only speaking about issues as if they are other people's problems.

Some recommendations concerning education can be made by outsiders—for example, "bullying is bad" and "education without Truth is no good." But in reality, it is impossible for outsiders to interfere with schools. Schools have an approach of "establishing academic freedom and repelling pressure from the outside," and so if bullying and misconduct are rampant, education needs to be realized that incorporates religion.

At the same time, since politics and religion share the common goal of "making the people of the world happy," I believe that certain actions need to be carried out in this area as well.

Now's the time when a political organization is Needed in order to realize happiness

As can be seen from the name of our organization, "Happy Science," we have a strong desire for the "realization of happiness." As we have clearly stated from the beginning, this happiness is "happiness that carries over from this world to the next." We have been saying this for over 20 years.

The True Pure Land sect of Buddhism speaks of "a sincere desire to be reborn in the Pure Land," and "the abhorrence of living in this impure world," in other words the belief that "since this world is corrupt, one should desire to return to heaven in the other world and become happy." Therefore, the happiness of this world was abandoned, and there were many uprisings by the followers of the True Pure Land school.[4] Nevertheless, we are not looking to engage in political activities in this manner. Since we are talking about "happiness that carries over from this world to the next," it is our hope to create a world where people who learn and practice the Truth can live somewhat radiant lives in this world, too. I believe that the time has arrived when we need a political organization as a major tool for achieving this vision.

I tend to be somewhat overly cautious, so even though I have been making various statements, my launching of a political organization has been somewhat delayed. This year is also the publication year for *The Laws of Courage* [by Tokyo, IRH Press, 2009.], so I believe that "the time has come when we must make some decisions." As such, I am expecting there to be some very rough waters ahead.

Nevertheless, looking at the world, people are dissatisfied with the Liberal Democratic Party and Democratic Party of Japan, so they are confused and don't know where to turn for real

4 Founded by Shinran, it is one of the school of thought in Buddhism that started in the 13th century. This sect believes that by begging for help from Amitabha Buddha through the single-minded chanting of Amitabha's name, one will be reborn in Amitabha's Western Paradise, known as Pure Land, and enjoy everlasting happiness.

politics. New Komeito, which is considered to be a middle-of-the-road party, is far from appealing to such people. The various other left-wing parties are very unrealistic, and I don't think that they can live up to a public mandate. Even if various opposition parties form a coalition and defeat the Liberal Democratic Party, they will be a ragtag team and probably won't be able to realize correct policies.

Against this backdrop, and based on Happy Science's track record with regard to its numerous policy recommendations, I believe that the time has come for us to newly establish a political organization that is grounded on the ideas of Happy Science.

Seeking the opposite of Marx's *Communist Manifesto*

The reason that I have entitled this book, *The Manifesto of the Happiness Realization Party* is to set it up against *Communist Manifesto*, which was issued by Karl Marx in 1848.

As a result of *Communist Manifesto*, humanity suffered for a period of over 150 years. Ultimately, this became an experiment on civilization that brought about the creation of materialist nations, and thus "The Manifesto of the Happiness Realization Party" is aiming to achieve the opposite of this.

"The Manifesto of the Happiness Realization Party" declares, "We shall mobilize the capacities of people who recognize the existence of God and Buddha and believe in the correct Buddha's Truth, and work to build a worldly, realistic utopia. We shall make Japan a starting point for our political activities, and have an impact on people throughout the whole world. We intend to bring about a simultaneous global revolution in the correct sense." This is what I mean by "aiming to do the opposite from Marx." We will break away from and confront all political forces that bring unhappiness to humanity, establish a solid ground for truth, and based on this truth, we intend to carry out national management and political management.

We intend to take concrete action. In other words, we would like to "make statements and then take responsibility for the outcomes."

With the dissolution of the House of Representatives approaching, this is a bit hurried, but we would like to establish a political party. There are of course many lawmakers who are active not only at the Diet, but also regionally, and we intend to get involved in various places and expand our influence. I believe that politics will naturally come to be carried out by the Happiness Realization Party.

Japan needs a broad-sighted and Tolerant religious party

Currently Japan only has one religious party, New Komeito. Nevertheless, I don't think New Komeito has the ability to sufficiently represent religious political parties. New Komeito is a party that was created by one lay organization of Taiseki-ji, which is part of the Nichiren branch of Buddhism. Nichiren Buddhism is a religion that is characterized by a high level of exclusivity, so New Komeito also has some very exclusive aspects. I will not say that this type of religious political parties must not exist. New Komeito has a background of being very exclusive, so I think there should be a more broad-sighted and tolerant political party. I think there needs to be another party where other religious forces and people who believe in other religions can rely on.

There is of course no doubt that the followers of Happy Science will become the core of the Happiness Realization Party. In addition, I would like to bring together the strength of other people who sympathize with Buddha's Truth, and others who believe in the benefits of religion.

Currently in the area of religion in Japan, religions often engage in proxy wars with each other through politics. For example, New Komeito is backed by Soka Gakkai. If New Komeito forms a coalition with the Liberal Democratic Party, the Federation of New Religious Organizations of Japan—which includes Rissho Kosei Kai and others that oppose Soka Gakkai, and formerly supported the Liberal Democratic Party—will side with the Democratic Party of Japan. In this manner, many proxy wars are taking place through the use of politics.

But this is too irrelevant a decision. With politics being what it is, there needs to be a certain level of rationality and coherence. I think there can be another level of thinking from judging likes or dislikes, friends or foes, from a religious perspective. We must do what we must in this world. I think the current situation can be compared to *Records of the Three Kingdoms*, in which we are appearing as the third party.

Our basic idea is not start a revolution in which we disrupt the real world. We intend to carry out political activities that incorporate an internal revolution in the sense of "making a series of improvements within the current political system and aiming for progress and prosperity." We would like to then export the fruits of such efforts to the rest of the world.

We absolutely do not desire a revolution that involves violence or bloodshed. Since the French Revolution, revolutionary movements have been positioned as an essential basis for modern democracy. In such movements, old forces were expelled, so there were a lot of bloodshed, including the use of guillotines, etc. This was the case in both the French Revolution and the Russian Revolution. I am keeping distance to, and critical of such bloody revolutions. I basically believe that it is better to change the world with a revolution that is based on the ideas and opinions of many people.

Intention to develop a large and Open people's party

The Happiness Realization Party might not have very much power at first. But if we continue to work tirelessly for 5, 10, 20, 30 years, I believe that we will become something significant.

These efforts will not be for the self-interests of Happy Science. We would like to do this as part of our activities for the people of the world. I believe that we can play a particular role today when there is a great deal of disbelief regarding politics, and I think it is first of all important for us to act with courage.

In creating this new political party, I first came up with the name the "Happy Future Party," but I thought it wouldn't be good for people to escape reality with the idea that they will become happy in the future, and therefore I decided on the name "Happiness Realization Party." This name proactively incorporates the concept that if we realize happiness in reality, we will have achieved success.

Accordingly, we want to create an open party based on the idea that people who want to bring happiness to this world and also become happy themselves should support this party. The religious organization Happy Science is a gathering of followers, and naturally these followers will serve as the core supporters of the Happiness Realization Party. Nevertheless, we would like to develop an organization that can also be supported by other people who sympathize with our basic policies and ways of thinking.

In that sense, our party will function separately from Happy Science to some extent. At the start, some aspects of the organization may need to be launched in collaboration with Happy Science. However, the party's unwavering way of thinking will exercise the power of attraction. Eventually, we intend to greatly develop and make the Happiness Realization Party grow as a people's party that those who put its policies and ideas into practice would be supported by many people. We would like to develop a party that is satisfactory to people who have lost faith in the Liberal Democratic Party and Democratic Party of Japan, and thereby improve politics in Japan.

The objective of Happy Science entering politics is "the manifestation of happiness." As I mentioned at the beginning, in the broad sense, we are "aiming to realize a utopia in this world." Up to now I have explained a great deal about our spiritual backbone. Materializing this will be somewhat difficult and will require strength, and going forward we would like to push forward with these efforts.

As such, with the "Manifesto of the Happiness Realization Party," we intend to put to rest Marx's *Communist Manifesto* for all of eternity.

2 Creating a Constitution that is Appropriate for Present Japan

I believe that there are a number of hindrances in the current Constitution of Japan.

The draft of the Constitution of Japan was prepared in about a week by members of the occupying forces during the Occupation of Japan, when Japan had lost World War II and didn't have sovereignty. Then, modifications were made to its Japanese translation, and completed. Some of the drafters were scholars, but some were not. This is a constitution that was prepared by foreigners when Japan was under occupation and in a state of confusion.

The people who made the constitution probably had no idea that it would continue to be upheld by Japan for over 60 years. They probably thought that Japan would rebuild itself in 10 years or so and make its own constitution, so they prepared it in a tentative manner, but it has remained in place for a long time, for over 60 years. This is because after Japan lost the war, religion in this country came to an end and vanished from sight, so Japanese people have established the Constitution of Japan as an "object of worship" and "fundamental dogma" in place of religion. It seems that this was the history of post-war Japan.

Therefore, the Constitution of Japan came to be thought of as a "permanent important law," like a fundamental dogma that can absolutely never be changed. People have come to feel that not a single letter of the Constitution can be changed, in the same way that people believe that the words of Jesus and Buddha must never be altered.

But the Constitution of Japan was not written by such distinguished people. It was written by a motley group, and contains sloppy sentences that are filled with loopholes, and it also has many contradictions. In modern terms, this constitution was prepared by people who viewed Japan—after it lost the war 60 years ago—in the way that people view present North Korea. If the occupation forces in Iraq had prepared a constitution for the country after the end of the war there, they would probably have come up with something similar to the Constitution of Japan.

As such, it is necessary to change the Constitution into one that is appropriate for bringing happiness to the people of Japan, by the people of Japan. Some people have said that changing the Constitution is difficult because of entrenched constitutional provision, but this is just an excuse. This is simply a lack of courage. Japanese people lacked the courage to take the initiative and change the Constitution. They have been emotionally dependent, and mentally they have wanted to stay occupied forever. For sixty years, people have thought, "The United States will protect us as long as we remain occupied," and they want the United States to protect them because they have done exactly whatever the United States wanted.

Nevertheless, the United States is currently shifting from being the world's only superpower to being one of a number of major countries. To be specific, a situation is developing in which the United States is no longer able to fully look after Japan. The United States is probably thinking to itself, "You should take care of yourself. Even if you are a child, if you become bigger than your parents, you need to resolve your problems on your own." I think that the United States sees Japan's lack of judgment as a sad thing. It is said that during the occupation Douglas MacArthur commented that Japanese people have the intellect of 12-year-olds. It seems that Japanese people appeared to only have the intellect of someone bordering between elementary school and junior high school age.

The time has arrived when we have to become adults. We must analyze the content of our constitution, and switch to a new approach that is suitable for the situation of Japan today.

3 Problems with the Preamble To the Constitution

The Preamble to the Constitution of Japan Is written in horrible Japanese

It is impossible for me to cover all the problems with the Constitution in this chapter, so I would like to mention a few representative points.

For example, looking at the Preamble to the Constitution of Japan, it is written in horrible Japanese. It is a translation, but I don't think that it can even be considered Japanese. The Preamble is as follows (in English).

"We, the Japanese people, acting through our duly elected representatives in the National Diet, determined that we shall secure for ourselves and our posterity the fruits of peaceful cooperation with all nations and the blessings of liberty throughout this land, and resolved that never again shall we be visited with the horrors of war through the action of government, do proclaim that sovereign power resides with the people and do firmly establish this Constitution. Government is a sacred trust of the people, the authority for which is derived from the people, the powers of which are exercised by the representatives of the people, and the benefits of which are enjoyed by the people. This is a universal principle of mankind upon which this Constitution is founded. We reject and revoke all constitutions, laws, ordinances and rescripts in conflict herewith.

We, the Japanese people, desire peace for all time and are

deeply conscious of the high ideals controlling human relationship, and we have determined to preserve our security, and existence, trusting in the justice and faith of the peace-loving peoples of the world. We desire to occupy an honored place in an international society striving for the preservation of peace, and the banishment of tyranny and slavery, oppression and intolerance for all time from the earth. We recognize that all peoples of the world have the right to live in peace, free from fear and want.

We believe that no nation is responsible to itself alone, but that laws of political morality are universal; and that obedience to such laws is incumbent upon all nations who would sustain their own sovereignty and justify their sovereign relationship with other nations.

We, the Japanese people, pledge our national honor to accomplish these high ideals and purposes with all our resources."

Can you understand this? It is truly poor writing. Could you answer if I asked you to express what the Preamble is attempting to say using simpler words? The original English version still exists, but when it is translated, it becomes this type of horrible writing.

Various problems in the Preamble To the Constitution

I think there are already a number of problems in the Preamble to the Constitution.

1) The understanding of World War II is incorrect

First of all, it states that we have "resolved that never again shall we be visited with the horrors of war through the action of government," expressing that "the government alone carried out the war, and the people had nothing to do with this." But that is not the case. A large part of the public approved of the war.

2) The Preamble talks about sovereignty resting with the people, but then the Constitution begins with the rules of the Imperial system

Next, it says that we "do proclaim that sovereign power resides with the people and do firmly establish this Constitution." Therefore, sovereignty should reside with the people, but the first chapter of the Constitution is "The Emperor," and it starts by covering the rules of the Imperial system. By stating that "sovereign power resides with the people" and then starting with the Imperial system, it seems to be saying that the Emperor is the head of state. Therefore the Constitution is wrong from the very beginning.

In Article 14, it states, "All of the people are equal under the law and there shall be no discrimination in political, economic or social relations because of race, creed, sex, social status or family origin. Peers and peerage shall not be recognized." Nevertheless, members of the Imperial family are peers [nobles]. This part is clearly contradictory.

The Constitution is a mess, and it seems as if it was written by someone who was quite confused. I must also mention that it appears to be mixed with the Meiji Constitution.

3) Ideas that infringe on basic human rights are included

Furthermore, the Preamble states, "We, the Japanese people, desire peace for all time and are deeply conscious of the high ideals controlling human relationship, and we have determined to preserve our security and existence, trusting in the justice and faith of the peace-loving peoples of the world."

This means, "only Japan is a bad country like North Korea and the Iraq during Hussein's era, and all other countries are peace-loving nations, so we will trust those people in order to preserve our security and existence." But if those countries turn out to be bad, we will throw our hands up and it will be over for us.

For example, if a country says to us, "Oh, so that's what you have decided in your constitution. Well then, we'll attack your country, so please go ahead and die," there is nothing that we can do. We have a constitution that allows any country to occupy Japan. If a country is not just and faithful, and is not peace-loving, it can easily occupy Japan.

Of course, there is also the idea to take the teeth out, which says, "This is just a beautiful statement, and it doesn't have any content. In other words, it is simply the statement of an ideal." But it is not right to be saying a bunch of lies. In fact, even after World War II, a variety of wars have taken place, and there was also a threat of nuclear war between the United States and the Soviet Union. Even now there are still various war-related crises.

The concepts of the Preamble of the Constitution make good hopes, but they crumble in the face of reality. It is dangerous to make a one-sided declaration and then have your hands tied. Therefore I must say that, "various ideas that infringe upon the basic human rights of Japanese people are included in the Preamble."

4) Japan doesn't occupy an "honored place" in the international community

Then the Preamble says, "We desire to occupy an honored place in an international society striving for the preservation of peace, and the banishment of tyranny and slavery, oppression and intolerance for all time from the earth."

I would like to respond to that with "Well, what about North Korea?"

There are about 200 member countries of the United Nations, and among these, for a long time, Japan has been in first or second place in terms of monetary contributions. Essentially it is a situation in which Japan is dishing out money, but can't do anything. Japan isn't given enough of a voice.

Meanwhile, the five permanent members of the Security Council have veto rights. Regarding this I say, "If the permanent member countries are so great, they should be providing their fair share of funding." They are not paying their fair share, and it is as of they are arrogantly saying, "That's because we won the war." In other words, "the United Nations consists of the winners of World War II." Therefore, the United Nations is not built on justice and equality.

World War II was not just "Democracy versus fascism"

Some people see World War II as being "democracy versus fascism" and think, "the democratic countries defeated the fascist countries." That is the way of thinking depicted in textbooks in the United States. Japan, Germany, and Italy were bad countries, so they cannot be permanent members.

Is this idea of "democracy versus fascism" correct? Examining the matter from a historical perspective, this is not necessarily correct. Winston Churchill of the United Kingdom joined together with Joseph Stalin of the Soviet Union to fight with Germany. At that time, Churchill said that he would join hands even with the devil in order to protect the United Kingdom. He knew that Stalin had a devilish quality. Nevertheless, it was necessary for him to join hands with the devil so that his country wouldn't be destroyed. This was when the United Kingdom was on the brink of destruction. They were on the brink of destruction after Germany fired a large number of rockets, so he joined hands with Stalin. Looking at what happened after that, it is clear that the Soviet Union was also a totalitarian state. A totalitarian state was fighting with another totalitarian state, so World War II wasn't just "democracy versus fascism," but there were also some crossovers.

There is some doubt as to whether it was truly right that the Soviet Union became a victor in the war. The communist system of the Soviet Union continued for more than 70 years, and the country killed large numbers of its people. It is said that about 20 million people perished, and it might have been more than that. The exact numbers are unknown, but it is clear that many citizens were purged and controlled by a one-party dictatorship. In that sense, it is questionable whether it was really a good thing that the Soviet Union was a victor in the war.

If Hitler had been a little bit stronger and defeated Stalin, and then Hitler was defeated after that, things might have been better. For some reason things went wrong and Stalin survived, so it seems that as a result, many more people suffered. Thus, there are problems with thinking about the war as a binary conflict.

Also, some people see Japan and Germany as being the same, but I think that they were different. In terms of religion, it is true that both countries were driven by spiritual forces. Germany had a traditional Germanic forest religion. Using the terms of today's Happy Science, this religion was somewhat close to Minor Heaven in the spirit world, and it is clear that the people were driven by the power of black magic.

In the case of Japan—as is clear from my spiritual readings—the gods of Japanese Shintoism in Major Heaven approved of the war. Therefore responsibility for the war lies both with the Emperor and with the gods of Japan. At that time, the gods of Japan thought, "If the religion of Japan spreads to the world, the world will become happy." Looking at what happened after the war, it is clear that that idea was not completely wrong. If we consider Japan's subsequent prosperity, it is apparent the idea of "having a certain degree of influence in the Pacific Basin" was not wrong.

As for having maybe killed and injured many civilians in other countries, there is perhaps room for more self-reflection. Nevertheless, I believe that the idea of "one being either absolutely just and the other absolutely unjust" is wrong. Taking that perspective, it seems that it was was unjust of the United States to steal the land of the Native Americans, and the United States probably cannot explain why it was acceptable for it to take over Hawaii and Guam. The United States also hasn't issued official apologies for killing large numbers of Japanese civilians [during the Great Tokyo Air Raids and the dropping of the atomic bombs on Hiroshima and Nagasaki, etc.].

It seems that this can only be described by the phrase, "History is written by the victors, to their advantage." There are winners and losers in war, and history is written by the winners. Therefore, if you want to rewrite history, it is important that you work hard to do so.

4 Problems with the Imperial System

It is OK to preserve the Imperial system as A cultural and historical symbol

Next I would like to speak about the Imperial system.

The Imperial system has continued for 125 generations, over a period of two thousand and several hundred years. This is rare among countries of the world, so preserving the system itself in some form is probably a good thing for the country of Japan.

Nevertheless, politically speaking, the current Emperor is in some ways viewed as the head of state and in some ways not viewed as the head of state. In other words, he is like a bat—not quite a bird, but also not quite a land animal. I have some questions regarding this point.

It seems that prior to the Meiji Period, the Emperor was a type of cultural symbol. He lived in Kyoto and served as a cultural symbol. But a group of people thought that the defeat of the Tokugawa shogunate by the military forces of the Satsuma-Choshu Alliance was not enough to stabilize the country. So they used the name of the Emperor as a just cause, gave him a political presence, and created the new government. The people who used this tactic were geniuses.

In the course of history, the Emperors didn't always stand at the top of the country, politically. This can be seen in the history of Japan. The Emperor had a cultural presence, but politically speaking, his presence was often hidden and withdrawn. In most cases, the shogunate or others had the real power. Sometimes when the shogunate changed, the presence of the Emperor would bring about political stability, and sometimes it would create confusion. It is clear that the Emperor system has continued for a long time as a result of divine providence on the part of the Japanese Shinto gods. Accordingly, it is appropriate to think, "since the Emperor is a cultural and historical symbol of Japan, the continuation of the Imperial system should be respected."

Nevertheless, writing in Article 1 "deriving his position from the will of the people with whom resides sovereign power," is clearly a lie. The Emperor didn't get his position by obtaining the will of the people via referendum. The Constitution clearly lies in its very first article. I think this part needs to be revised.

It is not wrong to say that in World War II, the army of Japan was in a sense the "army of the Emperor." The people fought and died for the Emperor. Therefore, responsibility for the war clearly lies also with the Emperor. In Europe and elsewhere, countries that were defeated in wars have all lost their royal households. I think the fact that Japan didn't lose its Imperial household had a lot to do with the personal judgment of MacArthur. It is true that Emperor Hirohito was virtuous, but this was because MacArthur was afraid that Japan would become a country without a person to negotiate with, and become a quagmire. It appears that the Emperor was preserved as a symbol in order to avoid having a situation like the one in Iraq in recent years. I believe that this was a political consideration.

I think it is alright to have the Imperial system, but I don't think that its rules should be grandly stated in the first article of the Constitution.

From the perspective of foreign countries, It isn't clear who is the head of state

Article 7 states the following rules.
"The Emperor, with the advice and approval of the Cabinet, shall perform the following acts in matters of state on behalf of the people:

i. Promulgation of amendments of the constitution, laws, cabinet orders and treaties.
ii. Convocation of the Diet.
iii. Dissolution of the House of Representatives.
iv. Proclamation of general election of members of the Diet.
v. Attestation of the appointment and dismissal of Ministers of State and other officials as provided for by law, and of full powers and credentials of Ambassadors and Ministers.
vi. Attestation of general and special amnesty, commutation of punishment, reprieve, and restoration of rights.
vii. Awarding of honors.
viii. Attestation of instruments of ratification and other diplomatic documents as provided for by law.
ix. Receiving foreign ambassadors and ministers.

x. Performance of ceremonial functions."

This seems very cumbersome for the Emperor, and it is a very poorly-made article. Having the Emperor do this many things will make him so busy that he will fall ill. There is no need for so many things. In reality, he probably has many servants of the Imperial Household Agency assisting him, but I don't think that the Emperor should have to carry out such cumbersome tasks.

The Constitution is essentially saying, "It is OK for the Emperor to do ceremonial-type work, but he must not do practical-type work." Tasks are divided into ones related to governmental affairs and ones related to matters of state. The terms "matters of state" and "governmental affairs" are conveniently separated in the Japanese so that "tasks related to matters of state are incorporated into the work of the Emperor as ceremonial-type jobs, while tasks related to governmental affairs are included in the work of the Cabinet."

Nevertheless, when the Emperor meets with foreign dignitaries, he is acting as the head of state, but in actuality, he doesn't possess any power or responsibility. This system is very confusing. The reason that Crown Princess Masako is in her current condition is precisely because of the way in which "matters of state" and "governmental affairs" are separated. As such, when confronted with the argument of "a white horse is not a horse," ordinary people lose their mind. This is the argument that "A 'horse' is a horse, but a 'white horse' isn't a horse. Naturally a 'black horse' isn't a horse, and a 'brown horse' isn't a horse. Then what makes a horse a horse?"

Various tasks are carried out with "matters of state" and "governmental affairs" separated, but the Emperor signs laws. Considering this, it appears that he is in a sense the head of state. The idea is, "He is the head of state, but responsibility lies with the Cabinet. The reason for this is that the Cabinet issues advice and approvals," so this means, "The Emperor is at the top, but he doesn't hold responsibility, and responsibility lies with his subordinates." An attempt is being made to use the same principles that enabled the Imperial system to survive World War II, but the situation isn't very clear.
In fact, this is the reason that other countries do not trust Japan. They are saying, "We don't know who is making the decisions. Tell us clearly who the decision-maker is." If the Prime Minister is the head of state, then everything can be decided by negotiating with him, and therefore the Emperor can be established as a cultural presence, and probably shouldn't be involved in politics.

On the other hand, if the Emperor is the top person politically, he probably should have some kind of decision-making authority. Of course, with decision-making comes responsibility. In that case, in times like the end of World War II, he would most likely be given the death penalty. It seems like they are constantly changing the interpretation and running away, but this logic won't work for ever.

I think it would be OK to clearly say, "The Prime Minister has responsibility as the head of state." Or, if possible, it would be better to introduce a presidential system. Unless we do this, Japan won't be trusted as a country. I would like to clarify things because foreign countries are looking at us and thinking, "When engaging in negotiations, it isn't clear who has the decision-making authority. Actually it seems that assistant director-level officials are making judgments and decisions about governmental affairs."

5 Problems with Article 9 of the Constitution

Article 9 of the Constitution, filled with lies

The part of the Constitution with the most problems is Article 9, "Renunciation of War."
"Aspiring sincerely to an international peace based on justice and order, the Japanese people forever renounce war as a sovereign right of the nation and the threat or use of force as means of settling international disputes.
In order to accomplish the aim of the preceding paragraph, land, sea, and air forces, as well as other war potential, will never be maintained. The right of belligerency of the state will not be recognized."

How about if we look at this article with an open mind? Pacifism, "aspiring for peace," is OK. But since the Constitution says, "The Japanese people forever renounce the threat or use of force as means of settling international disputes," this means that actions by the Maritime Self-Defense Force to chase off pirates along the coast of Somalia constitute "the threat of force," and thus by doing this, we have already violated the Constitution.

We are using many underhanded methods such as creating the Self-Defense Forces Act and other laws to enable us to take action without revising the Constitution. We should be a bit more honest. If the rules of Constitution aren't any good, we should change the Constitution. Chasing off pirates along the coast of Somalia is not opposed by anyone in the international community, so it is probably better if we can do that in accordance with the Constitution.

Furthermore, it states, "In order to accomplish the aim of the preceding paragraph, land, sea, and air forces, as well as other war potential, will never be maintained." Then what are the Self-Defense Forces? In English, the name is "Self-Defense Forces," implying that "forces" are not "military forces." This is the same as "a white horse is not a horse." If someone told me that the "Self-Defense Forces aren't military forces," I would be astonished and think, "That's quite a stretch of the imagination."

As for the idea that "they are for self defense, so they aren't military forces," every other country has military forces for the purpose of self-defense. At the United Nations, if someone were to say, "If your country possesses military forces for the purpose of aggression, please raise your hand," probably no one would raise their hand. The United States seems to be engaging in very aggressive actions, but it probably won't ever admit that officially. It would probably say that it is carrying out such actions purely for self-defense or to maintain international peace, and not for the purpose of aggression.

The Self-Defense Forces clearly constitute "land, sea, and air forces, as well as other war potential." Foreign countries recognize that the Self-Defense Forces are comprised of an army, navy, and air force. They are not interpreted as being anything else. Most people in other countries haven't read the Constitution of Japan, and if they learned about this constitution, they would probably think it was strange. The Preamble and Article 98 essentially say, "Laws that contradict the Constitution shall be invalid," so the Self-Defense Forces Act should be invalid.

Therefore, the Constitution needs to be changed. It says that we shouldn't have land, sea or air force but we do, so theoretically, Self-Defense Forces Act goes against the Constitution. If we need the Self-Defense Forces in order to protect the country, we should change the Constitution. I think the fact that we avoid changing the Constitution and only ask the Self-Defense Forces to protect us if the need arises, is sly.

Cease the reinterpretation of the Constitution and provide a basis for the Self-Defense Forces

"The right of belligerency of the state will not be recognized," is written in completely the same manner as when the United States conquered the Native Americans. It is the same argument as, "Native Americans must never possess bows, because if they did, they would be able to kill cavalrymen." This is a failure to recognize human dignity. During World War II, the United States said, "Japanese people are monkeys," and treated them like animals. This part of the Constitution seems to be an extension of this way of thinking, and is thus very discourteous.

If this section were to be changed, I think it is OK to have a "tone of pacifism," but it would probably be better to say, "We shall renounce wars of aggression and shall be devoted only to defense." We should also clarify the basis for the Self-Defense Forces Act by clearly stipulating, "We shall maintain war potential for that purpose as an inherent right." It is not good to lie.

Article 9 Paragraph 2 includes the phrase, "in order to accomplish the aim of the preceding paragraph," and thus the Constitution has been reinterpreted to mean, "We will not possess land, sea, and air forces in order to accomplish the aim of the preceding paragraph, but it is OK to possess these if it is not in order to accomplish that aim." This phrase, "in order to accomplish the aim of the preceding paragraph," was inserted as a so-called "Ashida revision," and so this type of "mischief" has taken place. It is amazing that this kind of revision was devised. The Constitution states, "The Japanese people forever renounce war as a sovereign right of the nation and the threat or use of force as means of settling international disputes," so the Constitution has been reinterpreted to say, "We will not possess land, sea, and air forces in order to use force, but it is OK to possess land, sea, and air forces if they are not for that purpose. It is OK to have military forces just for self-defense in order to protect the lives of citizens."

Nevertheless, we should stop lying and clarify the statements. I don't like having so many lies. Military forces are necessary. Japan has become a major country, so it is only natural for us to have military forces. I think we should take into consideration the "Middle Way," and draw the line at saying, "We will not engage in aggression. But if we are subjected to aggression, we will properly fight in order to protect our citizens." I think this is how the Constitution should be revised.

6 Problems Related to "Freedom of Religion"

Article 20 is fodder for religious persecution

There are also many minute clauses that don't need to be included in the Constitution. The Constitution has many detailed clauses about the Diet and other matters, which probably should only be covered in laws, so the precedence levels regarding laws and the Constitution are mixed.

One major issue that Happy Science needs to comment about is the part regarding "freedom of religion."

Article 19 includes the clause, "Freedom of thought and conscience shall not be violated," and goes even further by stating in Article 20: "Freedom of religion is guaranteed to all. No religious organization shall receive any privileges from the State, nor exercise any political authority." [Paragraph 1] "No person shall be compelled to take part in any religious act, celebration, rite or practice." [Paragraph 2] "The State and its organs shall refrain from religious education or any other religious activity." [Paragraph 3]

I think the way that Article 20 has been put together causes a great deal of confusion. It would be OK if it just said, "Freedom of religion is guaranteed to all." But after that in the secondary clauses, it states many things that must not be done, so ultimately it seems as if it is saying that religious activities shouldn't be carried out. It depicts religion as if it is taboo by saying that the national government and public institutions absolutely cannot become involved in religious activities, and in fact, it is undeniable that it appears to be saying, "the national government and public institutions won't do anything related to religion, so do as you please with regard to religion."

Interpreting this benevolently, it seems to say, "We will allow open competition among religions. Just as there is the freedom of speech, religions can compete with each other freely, and the state won't get involved." But looking at the way that the clauses are written, I must say that this is fodder for persecution.

For example, let's take a look at Article 23. On the topic of "academic freedom," there is just one line, "Academic freedom is guaranteed." This should be the same for religion. The Constitution should say, "Freedom of religion is guaranteed to all," and then end with that. Nothing more is needed. As for what comes after that, matters of "what must be done under what circumstances" should be covered in laws and such, and shouldn't be included in the Constitution. As a result of the inclusion of these clauses, there are people who say, "Religious education must not be provided at public schools," and the left wing has become much stronger.

The statement, "No religious organization shall receive any privileges from the State, nor exercise any political authority," was originally prepared with regard to state-sponsored Shintoism. If this clause is read accurately, it should apply to the current Imperial system. The Emperor is a Shinto priest, the highest priest in Japanese Shintoism, and engages in rituals. For example, in the Emperor's family, when an Emperor passes away there is a mourning ritual called "mogari." The body of the deceased Emperor is placed in a casket and the next Emperor must lie down adjacent to the body. This is clearly a religious act. Rituals like this are performed, which have continued since the Yayoi or Jomon eras. The Emperor's family engages in a number of these full-fledged religious acts that are not related to politics. Thus, these individuals receive special privileges.

Article 89 constrains and needlessly imposes Rules concerning the scope of religion

Toward the end of the Constitution, there is a clause saying something to the effect of, "financial assistance must not be provided to religious organizations or private schools, etc." [Article 89], but the national government gives subsidies for private education. The Ministry of Education, Culture, Sports, Science and Technology is doing what it has to in order to control private schools, etc.

Maybe when Happy Science establishes a political party, there will be people who pursue this point. On this, my thoughts are as follows. To put it the other way around, it appears that this article of the Constitution is constraining and needlessly imposing rules concerning the scope of religion. In other words it seems to be saying, "God or Buddha must not preach about politics."

It appears, however, that the religion of Japanese Shintoism has been unified with politics for a long time. I believe that the Emperor was the Master. There are many examples of this in other religions as well. Thus, by saying, "Religious figures cannot make statements about politics, and the gods must not make statements about political ideas or political actions," the Constitution commands that the "gods keep their mouths shut." I think this is a bit strange.

If the gods make statements about politics and economics, it is only natural that the believers take action in response to this. As long as "freedom of religion" is guaranteed, naturally this type of thing can happen. It is OK if there is a religion in which the gods aren't interested in politics and talk about matters other than politics, but there are gods in this world that make statements about politics, economics, and international situations. Based on the idea of "freedom of religion," there can of course be political religions and non-political religions.

In the United States, for form's sake, there are rules regarding the separation of church and state, but in reality, the President of the United States swears an oath on the Bible. During the inauguration ceremony for President Barack Obama as well, a religious figure came up to the front of the stage, and Mr. Obama swore an oath on an old Bible. These types of things are done in a faithful manner.

Furthermore, in the United States, there are religious conflicts between right-wing and left-wing Christianity. Mr. Obama's affiliated religion could probably be considered left-wing, and it says that dropping the atomic bombs on Japan was disgraceful. It seems that Mr. Obama was a part of that religion for about 20 years. Meanwhile, the right-wing says that countries that don't listen to the United States should be attacked without hesitation. Thus in the United States, religions are actually very involved in political activities. Religions take action to make their representatives the President or members of Congress. In that sense, megachurches currently wield a very significant amount of power.

Religions can exist in various forms, not only as political systems, but also pressure groups, and as pressure groups, it is only natural for them to state their opinions. There is something wrong if religious organizations couldn't make political statements regarding their interests. Religion and politics are fundamentally somewhat different, so I think it would be better to proceed by establishing a separate organization. If a country says that politics must not be a reflection of religious matters at all, this would mean that it is a materialist nation, and I think that this is basically wrong.

Furthermore, I believe that religious education is important, so the statements in Article 89 should be removed.

7 Desire to Serve the Function of Saving

The world from Corruption and Degradation

There are also many other parts of the Constitution that bother me, but a lot of these are technical issues, so I won't cover them in detail. I would like to think about the specifics at a later date.

Politics is based on outcome accountability, so responsibility should be taken for outcomes if possible. For example, at the start of "Chapter IV. The Diet" in the Constitution, it says, "The Diet shall be the highest organ of state power, and shall be the sole law-making organ of the State." [Article 41] But this is a lie. Some people may say this is simply a euphemism, but in fact, the Diet is not at all the sole law-making organ of the State. Most of the laws are actually made by bureaucrats and some are made by the Cabinet. The reality doesn't match with what is said in the Constitution. Such obvious lies should be revised.

I think there is also room for reexamining the parts regarding the House of Councilors. Currently, the House of Councilors is being used as a "tool for political strife." If it's not functioning as "the House of Good Sense," it seems there is room for reexamining it. Some describe the situation, saying, "Governmental affairs shouldn't be held up every time there is a dissolution of the House of Representatives, so the House of Councilors is necessary for security as a precaution." But if we are going to have the House of Councilors as the House of Good Sense, perhaps its members should be selected based on slightly different principles. The House of Councilors has different principles than the House of Representatives, and I think that highly knowledgeable individuals should be selected. Perhaps a selection method similar to that of the House of Peers during the Meiji Period would be good.

It would also be OK just to have the House of Representatives alone. There is a huge budget deficit, and reducing the number of assembly members would reduce the budget deficit accordingly. If the House of Councilors is abolished, I think this would enable matters to be processed more swiftly. In this case, it would be good if—following dissolution—around the top 20% of House of Representatives members in terms of votes were allowed to stay and deliberate, in order to play the role of the House of Councilors. A certain number of the top winners in elections should play the part of the House of Councilors. In that sense, it seems that there are also other methods for eliminating situations in which Diet members completely disappear. This is an issue for research in the future.

I think that people outside of Happy Science will make many comments regarding "freedom of religion" and "separation of religion and politics." There are, however, religious political parties in Europe and the United States. While most of these are Christian political parties, religious political parties actually do exist in the world. If the religions are influential and many citizens believe in these religions, then there is nothing strange about them having political parties. Religions are representatives of good sense, so if they have political parties, it seems as if they will be able to serve their functions of saving the world from corruption and degradation.

This concludes my brief talk on the Constitution.

8 Religion and Politics Should Complement Each Other

These are what I want to state as "The Manifesto of the Happiness Realization Party."

The establishment of a political party by Happy Science is a part of our action of "desiring to improve the world." From now on, we will increase the number of local branches of Happy Science in the world, and I believe that ultimately we need to become capable of realizing political ideas in a variety of countries.

For example, even if we try to assist a country like India in certain ways, there are some areas where we cannot assist the country through religion alone. Slums like the ones depicted in the movie "Slumdog Millionaire" are beyond the help of religion. They cannot be helped without the use of political and economic powers. It would be impossible to improve those slums with religion alone, and without improving the political and economic conditions. I think the political situation has to be improved.

In reality, the work of religion and the work of politics aren't separated, but rather they overlap in some respects. People like Mother Teresa work hard to provide refugee aid if politics fail to function, and in a sense this is political work. Rather than spiritual work, Mother Theresa engages in concrete actions, so it seems that the religious and political aspects are overlapping.

Therefore, it is impossible to completely separate these two elements, and it seems that they have a mutually complementary relationship. Accordingly, it appears that becoming more capable in the area of politics will enable religious aspects to be less focused on specific types of relief work. In that sense, religion should be more focused on elevating spirituality.

This concludes "The Manifesto of the Happiness Realization Party."

Kapitel Drei

幸福実現党宣言

„Manifest der Glücksrealisierungspartei“
auf Japanisch

1. 仏国土・地上ユートピアの建設を目指す

間接的提言だけでは責任を果たせない

「幸福実現党宣言」というテーマで述べていきます。

読んで字のごとく、「幸福実現党」というものを考えています。

幸福の科学は、さまざまな活動を行い、社会的提言もなしてきました。また、その過程で、政治家にも、いろいろと具体的な政策の提案等もしてきましたし、今後も続いていくとは思いますが、あくまでも間接的なものにとどまっています。

しかし、当会の本来の教えから言うと、「愛・知・反省・発展」の「発展」の教えのなかには、「仏国土・地上ユートピアの建設」という目的が明確に入っています。「仏国土・地上ユートピアの建設」であって、「仏国土・天上界ユートピアの建設」ではありません。

「地上ユートピア」という言葉が入っている以上、地上における何らかの積極的かつ具体的な行動というものが予定されているわけであり、その時期を待っていたと言うべきかと思います。一定の社会的勢力を持たなければできないことも数多くあるので、その時期を待っていたのです。

今まで教義を練り重ねてきて、また、具体的な政治活動を、ときおり、部分的には実施に移すということであったと思います。

しかし、今、幸福の科学が日本の代表的宗教に変身しつつあるなかで、いつまでも、逃げ隠れしたり、陰で糸を引いたりしているように言われているだけで収まっていてはいけないでしょう。

正しい行動であるならば、正々堂々と、その考えや意見を述べ、活動すべきであると思います。

そして、自らの思想、信条、考え方の内容を、この世において現実に具体化すべく、自らの力で努力する工夫が必要です。

間接的に実現できることも数多くありますが、それだと、やはり、非常に迂回する面もあり、時間がかかることもあり、また、妥協の産物となることもあります。

したがって、少なくとも、この世的なかたちにおいて、当会の仏国土ユートピアづくりの運動のメッセージをストレートに発信し、かつ、実際に活動できる機関が必要な時期がやってきたと思います。

例えて言うならば、教育界において、「教育は、かくあるべし」ということを、宗教の枠のなかで発言することは、当然、できることではあります。しかし、最初はそういう活動をしていても、一定の考えがまとまってくると、「宗教を取り入れた教育」というものを、現実に行ってみたくなるものです。

そういうかたちで、当会でも、学園というものが必要になってきて、今、「宗教をバックボーンとした学園を建てて、実際の教育活動を行う」ということに取り組んでいます。

雑誌「ザ・リバティ」(幸福の科学出版刊)などを見ても分かるとおり、当会は、宗教にしては、いささか極端なところまで、政治経済的、国際的な発言をしており、その見識と言説は、すでに政治家や評論家の域を超えているものがあると自負しています。

これを他人事のように言い続けるだけで、はたして責任が果たせるのかということについては、大いなる疑問があります。

教育についての提言として、例えば、「いじめは、いけない」「真理が入っていない教育は駄目だ」などということを、外から言うことはできるのですが、現実の学校そのものは、一切、外部から手を出すことができないような状態になっています。

そのように、学校が、「学問の自由を掲げ、外部からの圧力をはねつける」というスタイルであることによって、いじめや非行が蔓延化しているのであれば、やはり、宗教を含んだ教育が具体的になされなければなりません。

それと同様に、政治のほうでも、「世の中の人々を幸福にする」という目的の下において、共通項があるならば、やるべきことはやらなければならないと考えます。

幸福の実現のための政治的機関が必要な時期が来た

特に、当会は、「幸福の科学」という名称でもって、「幸福の実現」を強く希求している団体です。しかも、その幸福の内容は、当初より、「この世とあの世を貫く幸福」であることを明言していて、それは二十年以上前にまで遡るものなのです。

すなわち、浄土真宗のように、「欣求浄土」「厭離穢土」「この世は穢れているので、あの世で成仏して幸福になればよい」というように考えて、この世の幸福を放棄し、一向一揆を起こすようなかたちの政治運動を目指しているわけではありません。

「この世とあの世を貫く幸福」と言っている以上、「真理を学び、実践している人たちが、この世においても、それなりの輝きを放つような生き方ができる世界を具現したい」という願いを持っています。

そのための大いなる道具として、政治的機関が必要な時期が到来したのではないかと思います。

私自身には、やや慎重すぎる傾向があるため、各種の発言をしつつも、政治的機関をつくることは遅れ気味であったのですが、今年は『勇気の法』(幸福の科学出版刊)発刊の年でもあり、「そろそろ決断すべきときが来た」と考えています。

それによって、かなりの波風が起きることは予想しています。しかし、世間を見ると、「自民党にも満足せず、民主党にも満足せず」という人たちが、いったい、どこに現実の政治を託したらよいのかが分からずに、迷っている状況にあります。

そうかといって、中道政党を名乗っていた公明党が、その受け皿になっているとは、到底、言えない状態です。

また、その他もろもろの左翼系の政党においても、現実離れが激しく、決して国民の負託に堪えるようなものではないと思います。たとえ、自民党を倒し、もろもろの野党が連合したところで、寄せ集め所帯では、必ずしも正しい政治が実現できるとは思えません。

こうしたことを背景にして、当会の数多い政策提言等の実績を踏まえ、新たに、幸福の科学の考えの下に、政治的団体を結成すべきときが来たと考えています。

マルクスの「共産党宣言」の正反対のものを目指す

本書には「幸福実現党宣言」という題を付けましたが、一八四八年にマルクスが出した『共産党宣言』の向こうを張ったつもりです。『共産党宣言』のために、そのあと人類は百五十年以上も苦しんだのです。

結局、唯物論国家をつくる文明実験をされてしまったので、こちらは、「幸福実現党宣言」において、その正反対のものを目指したいのです。

「幸福実現党宣言」は、「神仏の存在を認め、正しい仏法真理を信じる人々の力を結集して、地上に、現実的ユートピアを建設する運動を起こす。そして、その政治運動を、日本を起点として起こしつつも、万国の人々にもまた波及させていく。正しい意味での世界同時革命を起こすつもりである」という宣言です。

このように、「マルクスの逆をやるつもりである」ということであり、人類を不幸にする一切の政治的な勢力と決別し、対決し、真理を地上に根づかせて、その真理に基づいた国家運営、政治運営をなしたいと考えています。

そういうことを具体的に実行していきたいのです。

すなわち、「発言をする以上、結果にも責任を取りたい」と考えているわけです。

そこで、衆議院の解散等も近づいているため、やや急いではいますが、政党を結成しようと考えています。

もちろん、国会のみならず、地方にも活躍している議員は数多くいるので、できるだけいろいろなところに進出して、勢力を拡大していきたいと思います。そして、いずれは、当然ながら、幸福実現党による政治がなされることになると信じています。

日本には大局的で寛容な宗教政党が必要

今の日本には、宗教政党が公明党一つしかありません。

しかし、「公明党は、宗教政党を代表するには、器として足りない」と考えています。

公明党は、仏教の諸宗派の一つである日蓮宗のなかの、大石寺系の一派の在家団体（講）がつくった政党ですが、その日蓮宗そのものは非常に排他的な性質を持った宗教なので、公明党にも性質的に非常に排他的なものがあります。

宗教政党そのものの存在は否定しません。しかし、公明党は、あまりにも排他的なものを背景に背負っているので、やはり、もっと大局的で寛容な宗教政党が存在すべきであると私は考えます。そして、その他の宗教勢力、他の宗教を信じる人たちが、よすがとするような政党が必要なのではないかと思っています。

幸福実現党においては、もちろん、幸福の科学の信者が核になることは間違いありませんが、それ以外の人々であっても、仏法真理に賛同する人たち、あるいは、宗教をよきものと考える人たちの勢力を結集していきたいと思っています。

今の日本の宗教界は、宗教間の代理戦争を政治を通して行っていることが多いのです。例えば、公明党にはバックに創価学会が付いていますが、公明党が自民党と連立すれば、立正佼成会などの、創価学会に対抗する「新宗連」（新日本宗教団体連合会）のほうは、「従来は自民党を応援していたのに、今度は民主党のほうに付く」というかたちで、政治を使って代理戦争をやっていることが多いのです。しかし、これは、あまりにも不毛な選択です。

やはり、政治は政治として、一定の合理性と、筋を通さなければならない面が必要なので、「宗教的に好きか嫌いか。敵か味方か」ということとは、また別の次元の考え方があろうかと思います。この世的になすべきことは、なしていかねばならないのです。

私たちは、『三国志』的に言えば、いわゆる「第三の極」として、今、現れてきているものだと思います。

基本的な考え方としては、この世を破壊するかたちでの革命運動ではありません。「あくまでも、体制のなかにおいて、さらなる改善を積み重ねて、発展・繁栄を目指していく」という意味での内部革命を内に秘めた政治運動です。

そして、その成果を、世界各地に輸出したいと考えています。

私は、暴力や殺戮による革命というものを、決して、心から望んではいません。

現代の民主主義の源流に位置づけられるものの一つとして、フランス革命以降の革命運動がありますが、そういう運動は、旧勢力を駆逐するために、ギロチン等で大量の殺戮を行いました。フランス革命もロシア革命もそうです。

そうした血なまぐさい革命運動について、私は一定の距離感と批判の心を持っています。

あくまでも、「多くの人たちの思想、言論等における革命によって、世の中を変えていくのがよい」と、基本的には考えています。

開かれた「国民政党」として、大きく成長していきたい

幸福実現党は、最初は、まだ、そう大きな力にはならないかもしれませんが、うまずたゆまず、五年、十年、二十年、三十年と続けていくと、それなりに「大なるもの」になっていくことと思います。

これは、独り、当会の私利私欲のためにやっているのではありません。「世のため人のための活動の一環としてやりたい」ということなのです。

特に、現在のように、政治に対する不信が非常に強いときにおいては、一定の役割を果たせるものだと考えています。

まず、勇気を持って実行することが大事であると考えます。

この新しい政党をつくるにあたり、最初は、「幸福未来党」という名称も考えたのですが、「未来には幸福になる」というような逃げをその内に含んでいてはいけないと考えて、「幸福実現党」という名称にしました。党名に、「現実に幸福を実現できれば成功である」ということを積極的に含ませてあるのです。

したがって、「『この世の中を幸福にしたい。自らも幸福になりたい』と願っている人は、この政党を応援していただきたい」というかたちで、開かれた政党にしたいと思います。

・1. 仏国土・地上ユートピアの建設を目指す・

幸福の科学という宗教団体は信者の集まりであり、幸福実現党の支持者は、もちろん、信者が核となることは間違いありませんが、それ以外にも、基本的な政策や考え方に賛同する人は、支持者として応援できる団体にしていきたいと思っています。

その意味で、組織的には、ある程度、別の組織として活動していくことになるでしょう。

草創期においては、ある程度、幸福の科学と共同して立ち上げなければいけないところがあるとは思います。しかし、一定の考え方の下に求心力が働いてくるので、いずれは、その政策なり考え方なりを実践していく人たちが、多くの人々から支持されるような「国民政党」として、大きく脱皮、成長していきたいものだと考えています。

自民党にも民主党にも失望している方々に満足していただけるような政党をつくって、日本の政治をよくしたいと思うのです。

当会が政治に進出する目的は「幸福の具体化」にあります。冒頭でも述べたように、大局的には、「この世的ユートピアの実現を目指す」ということです。

私は、これまで、精神的バックボーンについては数多く説いてきましたが、それを具体化していくのは、なかなか困難なことであり、力が要ることなので、今後、それを行っていきたいと思います。

そして、この『幸福実現党宣言』において、マルクスの『共産党宣言』を永遠に葬り去りたいと考えています。

2．現在の日本にふさわしい憲法を

その障害となるべきものが、現行の日本国憲法のなかに幾つかあると思います。

日本国憲法は、敗戦後の占領下において、日本に主権がない状態のときに、占領軍の人たちが一週間程度で草案をつくり、それを日本語に訳したものに手を入れてできたものです。

草案づくりには、一部、学者も入ってはいましたが、学者ではない人も入っていました。占領下において、外国人が、どさくさに紛れてつくった憲法なのです。

つくった人たちも、「これを日本が六十年以上も守り続ける」とは考えていなかったでしょう。「十年もしたら、国として立ち直り、自分たちの自主憲法をつくるだろう」と思って、とりあえずつくったものだったのに、それが延々と六十年以上も残ってしまったわけです。

なぜかというと、結局、敗戦を契機として、宗教というものが日本から葬り去られ、表の存在から消えたため、日本国憲法を、宗教に代わる“御本尊”か“基本教義”として捧げ奉ってきたからです。

それが、戦後の日本の歴史であったと思われるのです。

そのため、日本国憲法を「不磨の大典」のように考え、決して変えることのできない基本教義のようなかたちにしてしまっています。「イエスの言葉を改竄したり、仏陀の言葉を改竄したりしてはいけない」ということと同様に、「この憲法は、一字一句、変えては相ならない」というような感じになっているのです。

しかし、「日本国憲法は、そんなに偉い人が書いたものなのか」といえば、そんなことはなくて、雑多な人たちが集まって書いたものであり、内容的にはボロボロで隙だらけの文章なのです。内容には矛盾がたくさんあります。

今流に言えば、六十数年前の敗戦国・日本というものを、現在の北朝鮮のようなものだと思ってつくられた憲法だと思います。あるいは、イラク戦争で敗戦を喫したイラクにおいて、占領軍が憲法をつくるとしたら、こういうものをつくるだろうと思います。

したがって、日本人自らの手によって、憲法を、自分たちの幸福にとってふさわしいものに変えていく必要があるのです。

「硬性憲法だから、なかなか変えることができなかったのだ」という言い方もされますが、それは単なる言い訳にしかすぎません。勇気がなかっただけのことです。自分たちのイニシアチブによって変える勇気がなかったのです。

精神的には、「占領状態のままで、ずっといたかった」という甘えです。「占領状態でいるかぎりは、アメリカが守ってくれる」

と考え、「アメリカが言ったとおりにやっているのだから、守ってください」というかたちで、六十数年間、やってきたのです。

しかし、そのアメリカも、今は傾いてきて、唯一の超大国、スーパーパワーから、幾つかある大国の一つになりつつあります。はっきり言えば、「日本のことまで、もう面倒を見切れない」という状況になりつつあるのです。「自分のことぐらいは、自分でどうにかせよ」というのが、アメリカの本音ではないかと思います。

「子供であっても、親よりも大きくなってきたら、自分のことは自分で解決しなさい」ということです。

そういう判断力が日本にないのは悲しむべきことであると、アメリカは見ていると思います。

「占領下において、マッカーサーは日本人の知性を十二歳ぐらいと言った」という話が伝わっていますが、小学生と中学生の境目ぐらいの知性にしか見えなかったのでしょう。しかし、もう大人にならなければいけない時期が来ています。

憲法の内容を分析し、現在の国の状況に適合した新しいスタイルに変えていくべきだと思います。

3．憲法前文の問題点

日本国憲法の前文は日本語として最悪の文章

本章において、すべてを語るのは無理ですが、象徴的な問題点を、幾つか挙げてみたいと思います。

例えば、日本国憲法の前文を見ると、日本語としては最悪の文章です。翻訳文なのですが、日本語になっていないと思われます。

前文は以下のとおりです。

「日本国民は、正当に選挙された国会における代表者を通じて行動し、われらとわれらの子孫のために、諸国民との協和による成果と、わが国全土にわたつて自由のもたらす恵沢を確保し、政府の行為によつて再び戦争の惨禍が起ることのないやうにすることを決意し、ここに主権が国民に存することを宣言し、この憲法を確定する。そもそも国政は、国民の厳粛な信託によるものであつて、その権威は国民に由来し、その権力は国民の代表者がこれを行使し、その福利は国民がこれを享受する。これは人類普遍の原理であり、この憲法は、かかる原理に基くものである。われらは、これに反する一切の憲法、法令及び詔勅を排除する。

日本国民は、恒久の平和を念願し、人間相互の関係を支配する崇高な理想を深く自覚するのであつて、平和を愛する諸国民の公正と信義に信頼して、われらの安全と生存を保持しようと決意した。われらは、平和を維持し、専制と隷従、圧迫と偏狭を地上から永遠に除去しようと努めてゐる国際社会において、名誉ある地位を占めたいと思ふ。われらは、全世界の国民が、ひとしく恐怖と欠乏から免かれ、平和のうちに生存する権利を有することを確認する。

われらは、いづれの国家も、自国のことのみに専念して他国を無視してはならないのであつて、政治道徳の法則は、普遍的なものであり、この法則に従ふことは、自国の主権を維持し、他国と対等関係に立たうとする各国の責務であると信ずる。

日本国民は、国家の名誉にかけ、全力をあげてこの崇高な理想と目的を達成することを誓ふ。」

みなさんは、これを読んで分かったでしょうか。実に下手な文章です。「要するに何が言いたいのですか。今の言葉を、もう少し簡単に言ってくれますか」と問われたときに、答えられるでしょうか。

原文は英文であり、今でも残っていますが、それを翻訳したら、こんなに分かりにくい文章になったわけです。

憲法の前文に存在する、さまざまな問題点

①　先の戦争についての認識が間違っている

この憲法前文に、すでに幾つかの問題点が出ていると思います。

まず、「政府の行為によつて再び戦争の惨禍が起ることのないやうにすることを決意し、」とあり、「政府が戦争を起こしただけであって、国民は関係がない」というような趣旨のことが書いてあります。

しかし、そんなことはありません。国民の多くも戦争に賛成していました。

②　主権在民を謳いながら、天皇制の規定から始まっている

次に、「主権が国民に存することを宣言し、この憲法を確定する。」と言っていますが、主権は国民に存在するはずなのに、憲法の第一章は「天皇」になっていて、天皇制の規定から始まっています。「主権は国民にある」と言いながら、天皇制から始まっているわけなので、ある意味では、「天皇が元首である」と言っているように読めます。したがって、最初から間違っているのです。

また、第十四条には、「すべて国民は、法の下に平等であつて、人種、信条、性別、社会的身分又は門地により、政治的、経済的又は社会的関係において、差別されない。華族その他の貴族の制度は、これを認めない。」とも書いてありますが、皇族は貴族そのものです。この部分は明らかに矛盾しています。

もう無茶苦茶であり、かなり悩乱した人がつくったとしか言いようがありません。「明治憲法と折衷してつくった」と言わざるをえないのです。

③　基本的人権を侵す考え方が入っている

さらに、前文には、「日本国民は、恒久の平和を念願し、人間相互の関係を支配する崇高な理想を深く自覚するのであつて、平和を愛する諸国民の公正と信義に信頼して、われらの安全と生存を保持しようと決意した。」とあります。

これは、「日本だけが、北朝鮮や、フセイン時代のイラクのような悪い国であって、諸外国は、すべて平和を愛するよい国だから、それらの国の人たちを信頼して、安全と生存を保持しようと考えました」ということです。しかし、もし、それらの国が悪いことを考えた場合には、お手上げになり、終わりなのです。

例えば、ある国から、「おまえの国は、憲法でそんなことを決めているのか。では、わが国は、おまえの国を攻撃するから、よろしく死んでください」と言われたら、それまでなのです。いかなる国であっても、日本を占領することが可能であるような憲法になっています。もし、相手が、公正と信義を持たず、平和を愛する国でない場合には、日本を簡単に占領できるようになっているのです。

もちろん、「これは、単なるきれいごとの宣言であって、内容はないのだ。要するに、理想を謳い上げているだけなのだ」というように、骨抜きにする考え方もあります。

しかし、嘘ならば書くべきではありません。

現実には、第二次世界大戦後も、さまざまな戦争が起きましたし、米ソによる核戦争の危機もありました。今でもまだ、いろいろな戦争の危機はあります。

憲法前文の考え方は、希望としては、それでもよいのですが、現実問題としては厳しいものがあるので、自分のほうから一方的に宣言して自分の手を縛るのは危険です。

「日本国民のさまざまな基本的人権を侵す考え方が、前文には入っている」と言わざるをえません。

④　国際社会において「名誉ある地位」を占めていない

それから、前文には、「われらは、平和を維持し、専制と隷従、圧迫と偏狭を地上から永遠に除去しようと努めてゐる国際社会において、名誉ある地位を占めたいと思ふ。」と書いてあります。

「それならば、北朝鮮をどうにかしなさい」と言いたいのです。

国連の加盟国は二百カ国ぐらいありますが、そのなかで、日本は、長らく、一番か二番の額の負担金を出しています。日本は、お金だけ出していて、何もやっていないに等しい状態です。十分な発言権も持っていません。

一方、常任理事国の五カ国は拒否権を持っています。「常任理事国は、それだけ威張るのならば、きちんとお金を出しなさい」と言いたいところです。お金をきちんと出してもいないのに、偉そうに言っているのです。それはなぜかというと、「戦争に勝ったから」ということです。つまり、「戦勝国による国連」になっています。

国連は、公正と平等の下には成り立っていないのです。

先の戦争は「民主主義対ファシズム」だけではない

先の戦争については、「民主主義対ファシズム」という図式で捉え、「ファシズムの国を民主主義の国が滅ぼしたのだ」とする考え方があります。これはアメリカの教科書に載っている考え方です。

そして、日本とドイツとイタリアは悪い国なので、常任理事国にはなれないことになっているわけです。

ただ、「民主主義対ファシズム」という考えが正しかったかどうかについては、歴史的に検証されるかぎりでは、必ずしもそうとは言えません。

イギリスのチャーチルは、ソ連のスターリンと結んで、ドイツと戦いましたが、そのときにチャーチルは何と言ったか。彼は、「イギリスを守るためには悪魔とでも手を結ぶ」と言ったのです。

チャーチルは、スターリンの本質が悪魔であることを知っていました。しかし、自国が滅びないためには、悪魔とでも手を結ぶ必要があったのです。イギリスは滅びる寸前でした。ドイツからロケットをたくさん撃ち込まれて、潰れる寸前だったので、スターリンとでも手を結んだのです。

その後を見れば、ソ連もまた全体主義国家であったことは明らかです。全体主義と全体主義も戦っているのです。

したがって、先の戦争自体は、「民主主義対ファシズム」だけではなく、クロスしています。

では、ソ連が戦勝国になったことが本当に正しかったのかといえば、やはり疑問はあります。

ソ連の共産主義体制は七十数年間続きましたが、大勢の国民が殺されました。二千万人ぐらい亡くなったとも言われますし、あるいはもっと多いかもしれません。正確な数は分からないのですが、多くの国民が粛清され、一党独裁の下に支配されたのです。

その意味で、ソ連が戦勝国になって本当によかったのかどうかについては疑問があります。ヒトラーがもう少し強くて、スターリンを倒してからヒトラーも倒れたら、よかったのかもしれません。手違いでスターリンのほうが生き残ってしまったために、多くの人が苦しんだ面はあると思います。

このように、二元的対立という考え方には問題があります。

それから、日本とドイツは同じだったかというと、やはり違いはあったと思います。

宗教的には、確かに背後から霊的なパワーは働いていました。

ドイツには、ゲルマンの森の伝統的な宗教がありました。現在の当会が使う言葉で言えば、やや「霊界の裏側」に近いほうですが、黒魔術系の力が働いていたのは確かです。

日本の場合は、私の霊査で明らかなように、日本神道の「表側」の神々も賛成していたので、戦争責任を追及するならば、天皇にも日本の神々にも責任はあります。

当時、日本の神々には、「日本の宗教が世界に広がることで世界が幸福になる」と思っていたところがあります。

少なくとも戦後を見るかぎりでは、その流れが全部間違いだったわけではないことは明らかです。日本のその後の繁栄を見ると、「環太平洋圏に一定の影響力を持とう」と考えていたこと自体が間違っていたわけでないことは明らかだと思います。

他国の民間人を多数死傷させたかもしれない面については、反省の余地があるとは思います。ただ、「一方が完全な正義で、一方は完全な悪」というような考え方は間違いだと、私は思います。

それを言うならば、アメリカがインディアンの国を乗っ取ったのも悪でしょうし、「なぜアメリカがハワイやグアムを取れたのか」ということの説明はできないでしょう。アメリカは、日本の民間人を大量虐殺したこと（東京大空襲、広島・長崎の原爆投下等）については、公式謝罪はしていません。

やはり、「歴史は、強い者が自分に有利なように変えてきた」としか言いようがないと思います。

戦争には、そのときどきの勝ち負けがありますが、勝った者が歴史を書きます。したがって、歴史を書き直したければ、そのような努力をすることが大事であると思います。

4．天皇制の問題点

天皇制自体は、文化と歴史の象徴として残してよい

次に、天皇制に関して述べましょう。

天皇制自体は百二十五代続いていて、二千数百年の流れを持っているものであり、外国には数少ないものであるので、制度そのものは何らかのかたちで残しておいたほうが、日本

の国にとってはよいだろうと思っています。

ただ、今の天皇が、政治的に、ある意味では元首にも見え、ある意味では元首でないようにも見えること、つまり、鳥でも地上の動物でもないコウモリのような立場に置かれていることに関しては、一定の疑問を持っています。

明治以前の場合は、どうであったかというと、天皇は一種の文化的象徴だったと思うのです。京都に住んでいて、文化的象徴だったわけですが、「薩長連合軍が幕府を倒しただけでは国が安定せず、何か重しが必要だ」ということで、「錦の御旗」を繰り出してきて、天皇を政治的存在に祭り上げ、新政府をつくったわけです。

その兵法を使った人は天才的ですが、天皇は、歴史の舞台において、必ずしも、いつも政治的なトップであったわけではありません。これは、日本の歴史を見れば、そのとおりです。天皇は、文化的には存在していましたが、政治的には、表に出たり引っ込んだりしている存在であり、たいていの場合は幕府等が実権を持っていました。

幕府が変わるようなときには、天皇の存在によって、よくなることもあったり、政治的混乱に陥ったりしたこともありましたが、天皇制が長らく続いてきた背景には、日本神道系の神意がそれなりに働いていたのは確かでしょう。

したがって、「天皇は、日本国の文化と歴史の象徴であるから、その存続は尊重されるべきである」という考えはあってもよいと思います。

しかし、第一条に「この地位は、主権の存する日本国民の総意に基く。」と書いてあるのは明らかに嘘です。国民投票をし、国民の総意を得て天皇に就いたわけではありません。憲法には第一条から明らかに嘘を書いてあります。

こういう部分は修正の必要があると思います。

また、先の大戦においては、ある意味で、日本の軍隊は「天皇の軍隊」であったのは間違いありません。国民は天皇陛下のために戦って死んでいきました。そのため、天皇にも戦争責任は明らかにあるのです。

ヨーロッパ等では、戦争で負けたところは、どこも王室はなくなっています。そうしたなかで、日本では皇室がなくならなかったのですが、そこにはマッカーサーの個人的な判断が大きく影響していると思います。昭和天皇に徳力があった面は確かにあると思いますが、要するに、日本が交渉相手のいない国になってしまい、泥沼化するのを恐れたのです。近年のイラクのような状態になったら困るので、象徴として天皇を残したのでしょう。それは政治的な配慮だったと思います。

天皇制はあってもよいとは思いますが、憲法の第一章から堂々と記すようなものではないと考えます。

外国から見ると、誰が元首なのかよく分からない

第七条を見ると、次のような規定があります。

「天皇は、内閣の助言と承認により、国民のために、左の国事に関する行為を行ふ。

一　憲法改正、法律、政令及び条約を公布すること。

二　国会を召集すること。

三　衆議院を解散すること。

四　国会議員の総選挙の施行を公示すること。

五　国務大臣及び法律の定めるその他の官吏の任免並びに全権委任状及び大使及び公使の信任状を認証すること。

六　大赦、特赦、減刑、刑の執行の免除及び復権を認証すること。

七　栄典を授与すること。

八　批准書及び法律の定めるその他の外交文書を認証すること。

九　外国の大使及び公使を接受すること。

十　儀式を行ふこと。」

非常に煩雑です。これはとても出来の悪い条文であり、天皇にここまでさせたら、忙しくて倒れ、病気になってしまいます。ここまでする必要はありません。

現実には、宮内庁の役人が手伝っているでしょうが、私は、

こんな煩雑な業務は天皇のやるべきことではないと思います。

「天皇は、形式的な仕事はしてもよいが、実質的なことはしてはいけない」というのが憲法の趣旨です。国政に関することと、国事に関することとを分けています。「国事に関することは、形式的なこととして、天皇の仕事に入れ、国政に関することは内閣の仕事である」というように分けて、日本語の便利な使い分けをしています。

しかし、外国の要人と会うときには、現実には元首のように振る舞っているのですが、実際には何らの権能も責任も持たないことになっています。これは非常に分かりにくい体制です。

雅子妃が、今、ああいう状態になっておられる原因は、まさしく、この国政と国事の分け方にあるのです。こういう、「白馬は馬にあらず」という論法で言われると、正常な頭の人はおかしくなるのです。「『馬』なら馬だが、『白馬』は馬ではない。当然、『黒馬』も馬ではない。『茶色い馬』も馬ではない。では、馬は、いったいどこにいるのだろう」というような論法です。

そのように、国政と国事とを分けて、いろいろやっていますが、天皇は法律にサインをしたりしているので、これを見ると、ある意味で元首のようにも見えます。

「元首なのだけれども、責任は内閣にある。なぜなら、内閣は助言と承認をするからだ」ということで、「天皇は、トップであるが責任はなく、部下に責任がある」というかたちです。

これは、先の戦争で天皇制が生き延びたのと同じ原理を使おうとしているのですが、あまりすっきりしません。

実は、日本という国が外国から信用されていない理由は、ここにあるのです。「誰が意思決定をするのか分からない」と言われているのです。「意思決定者をはっきりさせなさい」ということです。

もし、内閣総理大臣が元首であるのであれば、そちらと交渉すれば全部決まるわけですから、そうであれば、天皇陛下は文化的存在としてお祀りすればよいのです。天皇を政治のほうに入れるべきではないと思います。

逆に、天皇のほうが、政治的にトップだというのであれば、何らかの判断権がなければならないでしょう。判断と責任が生じるのは当然です。そうすると、先の戦争のようなときには、当然、戦後は死刑になっているはずです。

玉虫色にして、いったんは逃げたのかもしれませんが、これは、いつまでも通じる論理ではないと思います。

私としては、「内閣総理大臣のほうに元首としての責任がある」ということを明確にしてもかまわないし、あるいは、できれば大統領制を敷いたほうがよいのではないかと考えています。

そうしないと、日本という国は信用されないのです。外国から、「交渉の相手として、誰が判断権を持っているのか、よく分からない。いったい誰が判断しているのか分からない。実際は役人がやっているのではないのか。課長補佐クラスが国政を決めているのではないか」というように見られているので、ここは、できればすっきりさせたいと思います。

5．憲法九条の問題点

"嘘"の多い憲法九条

いちばん問題が多いのは第九条の「戦争放棄」です。

「日本国民は、正義と秩序を基調とする国際平和を誠実に希求し、国権の発動たる戦争と、武力による威嚇又は武力の行使は、国際紛争を解決する手段としては、永久にこれを放棄する。

前項の目的を達するため、陸海空軍その他の戦力は、これを保持しない。国の交戦権は、これを認めない。」

この条文を素直に読んだら、どうなるでしょうか。

「平和を希求する」という平和主義は結構です。しかし、「武力による威嚇又は武力の行使は、国際紛争を解決する手段としては、永久にこれを放棄する。」というのであれば、「ソマリア沖の海賊を、海上自衛隊が行って追い払う」ということは、「武力による威嚇」以外の何ものでもありません。すでに破っています。

「憲法をいじらずに、自衛隊法やその他の法律のほうでやれるようにする」という、ずるい手法をたくさん使っているので、もう少し正直であるべきです。憲法の規定で駄目なのであれば、憲法を変えるべきだと私は思います。

ソマリア沖の海賊を追い払うことについては、国際社会は別に誰も反対していないので、憲法上、それができるようにしたほうがよいでしょう。

さらに、「前項の目的を達するため、陸海空軍その他の戦力は、これを保持しない。」と書いてあります。

では、自衛隊はいったい何なのかということです。英語では、セルフ・ディフェンス・フォースですが、「『セルフ・ディフェンス・フォース』だから、『フォース』(軍隊)ではない」と言うのならば、「白馬は馬にあらず」と同じです。「自衛隊であるから軍隊ではない」と言うわけですが、「まあ、よく考えるな」という感じです。

「自衛のためのものであるから、軍隊ではない」と言っても、他の国の軍隊も、みな自衛のために持っているものであって、国連で、「侵略のために軍隊を持っている国は、手を挙げてください」と言ったら、手を挙げる国はたぶんないでしょう。

アメリカなどはずいぶん侵略的なことをしていると思いますが、少なくとも公式には絶対に認めないはずです。あくまでも、自衛のためか国際平和を守るためにやっているわけであり、侵略のためにやっているわけではありません。

自衛隊は、明らかに「陸海空軍その他の戦力」です。外国から見れば、自衛隊は、陸軍、海軍、空軍と認められていて、それ以外の解釈をしているところなどありません。他の国で日本国憲法を読んでいる人はほとんどいないので、こんな憲法があるということ自体が不思議だろうと思います。

前文及び第九十八条には、「この憲法に反する法律は無効である」という趣旨の内容が書いてあるので、そうすると、自衛隊法は無効になってしまいます。だから、憲法を変えなければ駄目なのです。「陸海空軍を持ってはいけない」というのに持っているのですから、自衛隊法は形式的には、違憲です。

しかし、国を守るために、現実に自衛隊が必要なのであれば、憲法を変えるべきです。憲法を変えないのに、いざというときだけ「守ってくれ」と言うのは、ずるい言い方だと思います。

解釈改憲を改め、自衛隊法の根拠の明記を

「国の交戦権は、これを認めない。」というのは、完全に、かつてのアメリカがインディアンを征伐したときのような文章の書き方です。「インディアンは、もう二度と弓を持ってはならない。なぜなら、騎兵隊を射殺すことができるから」というのと同じ論理です。

これは、人間としての尊厳を認めていないということです。ア

メリカは、戦争中、「日本人はサルだ」と言っていて、動物扱いでしたので、その延長上にあるのだと思いますが、失礼な話です。

したがって、あえて文言を変えるとしたら、「平和主義を基調とする」ということはかまわないと思いますが、「侵略的戦争は、これを放棄し、防衛のみに専念する」ということであれば、よいのではないかと私は考えます。

「そのための戦力は、固有の権利として、これを保持する」ということをはっきり規定して、自衛隊法の根拠を明確にすべきです。嘘をつくのはよくないと思います。

第九条を解釈改憲し、第二項で「前項の目的を達するため、」という文言があるので、「陸海空軍は、前項の目的を達するために持たないのであって、前項の目的を達するためではない場合には、持ってもかまわないのだ」という解釈が行われています。

この「前項の目的を達するため、」という文言は、いわゆる「芦田修正」によって入れられたものですが、そういう"悪さ"をしてあるのです。よく考え出すものだと思います。

「国権の発動たる戦争と、武力による威嚇又は武力の行使は、国際紛争を解決する手段としては、永久にこれを放棄する。」ということだから、「そういう武力行使を目的とする陸海空軍は持たないけれども、そういう目的ではない陸海空軍ならあってもかまわない」ということで、「国民の生存を守る自衛のためだけの軍隊ならかまわないのだ」という解釈改憲で乗り切ってきたのです。

しかし、「もう嘘はやめましょう。すっきりさせませんか」ということです。私は、そういう嘘八百はあまり好きではありません。軍隊は必要なのです。これだけの大国になったら、軍隊ぐらい持つのは当たり前です。

「侵略はしません。その代わり、こちらが侵略されたときには、国民を守るために、きちんと戦います」というあたりのところで、中道の線を引くべきだと思います。

そのように憲法を変えるべきです。

6．「信教の自由」に関する問題点

第二十条は宗教への迫害材料になっている

ほかにも、憲法にはなくてもいいような細かい条文がたくさんあります。国会その他に関して、本当は法律に委任してもいいような条文が、こまごまとたくさん書いてありますが、法律と憲法とがレベル的には混在しています。

しかし、大きなところとして、当会が言わなければいけないのは、やはり、「信教の自由」のところです。

第十九条に「思想及び良心の自由は、これを侵してはならない。」という条文があって、さらに、駄目押しのように、第二十条で、「信教の自由は、何人に対してもこれを保障する。いかなる宗教団体も、国から特権を受け、又は政治上の権力を行使してはならない。」(第一項)、「何人も、宗教上の行為、祝典、儀式又は行事に参加することを強制されない。」(第二項)、「国及びその機関は、宗教教育その他いかなる宗教的活動もしてはならない。」(第三項)とあります。

この二十条のつくり方が、かなり混乱を呼んでいると思います。

「信教の自由は、何人に対してもこれを保障する。」というだけなら、それでよいのです。

ところが、そのあとに、付帯条項で、「してはならない」という文言がたくさん付いているために、結局、「宗教活動はしてはならない」と言っているように読めるのです。

国や公共団体に関しては、「一切、宗教活動に触れてはならない」というタブーのようになっていて、事実上、「宗教については、国や公共団体は何もしないから、宗教だけで勝手にやってくれ」と言っているように見えなくはないのです。

これを善意に解釈し、「宗教間の自由競争に任せるのだ。言論の自由と同じで、宗教が勝手に競争すればよいのであって、国は関与しないのだ」と捉える見方もあろうかと思いますが、この書き方から見るかぎり、やはり、迫害の材料になっていると言わざるをえません。

例えば、第二十三条を見たらよいのです。「学問の自由」に関して、「学問の自由は、これを保障する。」という一行で終わっています。これと同じでよいのです。「信教の自由は、何人に対してもこれを保障する。」ということだけで終わればよいのです。あとは要りません。

あとのことについては、「こういう場合には、こうする」というものを、法律か何かでつくればよいのであって、憲法に入れるべきではありません。こういうものを入れるから、「公立学校で宗教教育をしてはいけない」と言ったり、左翼のほうが非常に強くなったりするのです。

「いかなる宗教団体も、国から特権を受け、又は政治上の権力を行使してはならない。」というのは、もとは国家神道のことを意図してつくったものではあるのですが、条文を正確に読むならば、今の天皇制自体も、これに当たるわけです。

天皇自体は、日本神道の最高の祭司、神官であり、儀式を行っています。

例えば、天皇家では、先の天皇が亡くなったら、「殯」といって、その亡くなった天皇の遺体を棺桶に入れて祀り、次の天皇はその隣で一緒に寝たりしなければいけないのです。これは明らかに宗教行為です。弥生時代か縄文時代から続いているような儀式ですが、そういうことをやっています。

天皇家は、こうした政治には関係のない宗教行為を幾つか行っています。これは、れっきとした宗教行為です。したがって、現実に特権を受けています。

第八十九条は宗教の範囲を制約して縛るもの

また、憲法の後ろのほうには、「宗教団体や私立学校などには、資金援助をしてはならない」という趣旨の条文がありますが(第八十九条)、国は私学助成金を出しています。これは文部科学省が私立学校などを支配するために必要なのでやっているのです。

おそらく、当会が政党をつくるに際して、ここのところを追及してくる人もいるかもしれませんが、私は次のように考えています。

これは、逆に言うと、この憲法の条文が宗教の範囲を制約して縛っているように見えます。すなわち、「神、仏は、教えのなかで、政治については説いてはならない」と言っているように読めるのです。

しかし、日本神道という宗教を見るかぎり、長らく政治とは一体であったと思います。もちろん、天皇が教祖だったと思いますが、ほかの宗教でも、そういうことはたくさんあります。

したがって、憲法によって、「宗教家は、政治に関する発言はできない。あるいは、神は、政治思想や政治行為について、何も発言してはならない」と、“神の口封じ”を命じているということであれば、これはやはり、少しおかしいのではないかと思います。

神が政治や経済について発言したならば、それを受けて行動するのが信者として当然のことであって、「信教の自由」を保障している以上、当然、それは起きうることであるのです。

その神が、政治に関心のない神であれば、政治以外の話をしていても、それはかまわないし、そういう宗教があってもよいけれども、政治や経済や国際情勢について発言する神も、世の中にはいるわけです。

「信教の自由」の下に言うならば、政治的な宗教も、政治的ではない宗教も、当然、ありうるのです。

アメリカにも、かたちだけは政教分離規定がありますが、現実には、アメリカの大統領は、『聖書』に向かって宣誓をしています。オバマ大統領の就任式でも、宗教家が出てきて前に立ち、オバマ氏は古い『聖書』に向かって宣誓していました。やはり、きちんとそういうことをやっています。

さらに、アメリカでは、キリスト教の右派と左派とが宗教の戦いをしています。

オバマ氏が所属していた宗教は、どちらかといえば左派のほうであり、「日本に原爆を落としたのはけしからん」と言っているほうの宗派です。オバマ氏は、その宗派に二十年ぐらいいたはずです。逆に、右派のほうは、「アメリカの言うことを聞かないところは、どんどん攻撃せよ」というようなことを言っています。

このように、アメリカでは、現実には宗教が活発に政治活動をしています。自分たちの代表を大統領なり議員なりにしようという運動をしているのです。そういう意味では、今、メガチャーチが非常に大きな権力を行使しています。

政治的制度としてではなく、圧力団体としては、いかなるかたちの存在もありうるので、宗教が一定の圧力団体として意見を言うことは当たり前のことです。自分たちの団体の利害にかかわることを、政治的に発言できないのはおかしいということです。

宗教と政治は、原理的には、やや違う点はあると思うので、別組織をつくりながらやっていくのがよいと思います。ただ、「政治は、宗教的なるものを、一切、反映してはならない」というならば、それは唯物論国家と言わざるをえず、基本的に間違っていると思います。

さらに、宗教教育はやはり大事であると私は思うので、第八十九条の文言はカットすべきだと思います。

7．腐敗や堕落から世を救う機能を果たしたい

そのほかにも、気になるところは数多くあるのですが、テクニカルなものが多いので、今回は詳しく述べません。

具体的なことは、これから詰めていこうとは思いますが、やはり、政治というものは結果責任なので、できれば結果の責任

が取れるようにしたいと思っています。

例えば、憲法の「第四章　国会」のトップには、「国会は、国権の最高機関であつて、国の唯一の立法機関である。」と書いてあります（第四十一条）。しかし、これは嘘です。単なる「美称」と言ったとしても、実際には、国会は、国の唯一の立法機関などではありません。実際に法律をつくっているのは、ほとんど官僚です。それから内閣でもつくっています。現実には憲法の言うとおりになっていません。

こういう、明らかに嘘だと思うところは直していったほうがよいでしょう。

また、参議院のあり方についても、再検討の余地はあると思います。今、参議院は「政争の具」として使われています。「良識の府」として機能しないのであれば、再検討の余地があると言えます。

「衆議院の解散があるたびに、国政が滞ってはいけないので、万一のための担保として参議院が必要だ」という考えもあるのですが、良識の府という意味で置くのであれば、少し違う原理で人を選んでもよいのではないでしょうか。参議院では、衆議院とは違う原理で、しっかりとした識者を選ぶようなかたちであってもよいと思うのです。

明治時代の貴族院のように選んでもよいかもしれないし、あるいは衆議院一本で行ってもよいでしょう。これだけ財政赤字になっているのですから、議員の数が減ったら、その分だけ財政赤字が減るのです。参議院を廃止すれば、スピーディーに物事が処理できてよいと思います。

その場合は、衆議院議員のなかで、得票率が上位二割ぐらいに入っているような人は、解散後にも残って審議ができるようにし、参議院の役割をカバーできるようにしてもよいとは思います。そのように、上位当選をした一定数の人たちは、参議院の役割の部分を果たせるようにするわけです。

そういう意味で、完全に国会議員がいなくなるような状態をなくす手法は、ほかにもあると思います。今後の研究課題です。

また、「信教の自由」と「政教分離」のところは、会の外から、かなり言われると思いますが、宗教政党そのものは欧米にもあります。ほとんどはキリスト教系の政党ですが、宗教政党自体は現実に世の中には存在しています。

その宗教が、実際に有力であり、国民の多くが信じているような宗教であれば、宗教政党があっても別におかしくはありません。宗教は良識の代表なので、そういう政党があることによって、世の中を腐敗や堕落から救う機能も果たせると考えています。

憲法について少し述べました。

8．宗教と政治は補完し合うべきである

以上が、「幸福実現党宣言」として私が述べたいことです。

幸福の科学が政党をつくることは、「世の中をよくしていきたい」という運動の一翼です。

今後、全世界に、幸福の科学の支部も増えていきますが、最終的には、こうした政策的なものも、いろいろなところで実現していけるようにしなければいけないと思います。

例えば、今のインドのような国を具体的に救いたくても、宗教だけでは救えない面があります。

「スラムドッグ＄ミリオネア」という映画がありますが、あれを観ても、そこに出てくるスラム街は宗教で救える範囲ではありません。政治経済の力が働かないかぎり、救えません。あのスラム街をなくそうとしたら、政治経済のところをよくしないかぎり、宗教だけでは無理なのです。やはり、政治がよくなければ駄目だと思います。

現実には、宗教の仕事と政治の仕事は別のものではなく、重なっているところがあります。

政治が働かなければ、マザー・テレサのような人が一生懸命に難民救済をするわけですが、ある意味で、それは政治の仕事でもあるわけです。精神的な仕事というよりは、具体的な活動をやっているわけなので、宗教は政治と重なっているのです。

そういう意味で、両者を完全に分けることはできず、補完し合う関係だと私は思っています。

したがって、政治でできるようになれば、宗教が具体的な救済活動をしなくてもよいところはあるでしょう。その場合には、宗教はもっと精神的な高みを目指していくべきだと考えます。

以上が「幸福実現党宣言」です。

Über den Autor

Meister Ryuho Okawa erhielt im Jahr 1981 seine ersten Botschaften von bedeutenden Figuren der Weltgeschichte – von Jesus, Buddha und anderen Wesen aus dem Himmel. Diese heiligen Wesen kamen auf ihn mit leidenschaftlichen Botschaften großer Dringlichkeit zu und ersuchten ihn inständig, den Menschen auf Erden ihre heilige Weisheit zu überbringen. Seine Berufung, ein spiritueller Anführer zu werden und Menschen auf der ganzen Welt mit den lange geheim gehaltenen Wahrheiten über den Ursprung der Menschheit und der Seele zu inspirieren, wurde ihm enthüllt. Diese Gespräche lüfteten den Schleier der Geheimnisse von Himmel und Hölle und wurden zum Fundament, auf das Meister Okawa seine spirituelle Philosophie aufgebaut hat. Als er spirituell immer bewusster wurde, erkannte er, dass diese Weisheit das Potenzial enthielt, der Menschheit dabei zu helfen, religiöse und kulturelle Konflikte zu überwinden und ein Zeitalter des Friedens und der Harmonie auf Erden einzuläuten. Kurz vor seinem 30. Geburtstag gab Meister Okawa seine vielversprechende Karriere im Geschäftsleben auf und widmet sich seitdem persönlich der Veröffentlichung der Botschaften, die er vom Himmel bekommt. Bis heute hat er mehr als 1.600 Bücher veröffentlicht (Stand: Juni 2014) und ist in Japan zum Bestseller-Autor avanciert. Die Allgemeingültigkeit der Weisheit, die er lehrt, die Tiefe seiner religiösen und spirituellen Philosophie, sowie die Klarheit und das Mitgefühl in seinen Botschaften ziehen weiterhin Hunderte von Millionen von Lesern an. Neben seiner Schriftstellerei, die er weiterhin betreibt, hält Meister Okawa auch weltweit öffentliche Reden und Vorträge.

Was ist Happy Science?

1986 gründete Meister Ryuho Okawa Happy Science, eine spirituelle Bewegung, die sich dem Ziel verschrieben hat, der Menschheit mehr Glück zu bescheren, indem sie die Schwellen überwindet, die durch die Zugehörigkeit zu verschiedenen Rassen, Religionen und Kulturen entstehen, und indem sie auf das Idealbild einer Welt hinarbeitet, die in Frieden und Harmonie vereint ist. Happy Science ist dank der Unterstützung durch Anhänger, die im Einklang mit den erleuchteten Worten der Weisheit von Meister Okawa leben, seit der Gründung in Japan rapide gewachsen und breitet sich nun über die ganze Welt aus. Heute zählt die Bewegung mehr als 12 Millionen Mitglieder in über 100 Ländern. Sie unterhält Glaubenszentren in vielen Großstädten, u. a. auch in New York, Tokio, London, Paris, Sydney, São Paulo, Seoul sowie Wien, Luzern und Berlin.

Meister Okawa spricht im wöchentlichen Turnus in einem der Zentren von Happy Science und reist mit einer öffentlichen Vortragsreihe um die Welt. Happy Science bietet verschiedene Programme und Dienste an, um Gemeinden und Menschen in Not vor Ort zu unterstützen. Zu diesen Programmen zählen Vorschulprogramme, externe Bildungsprogramme für Jugendliche im Anschluss an die Schulzeit, sowie Dienste für Senioren und behinderte Menschen. Die Mitglieder nehmen auch an gesellschaftlichen Aktivitäten und Wohltätigkeitsprojekten teil, die in der Vergangenheit u. a. zur Unterstützung der Erdbebenopfer in Chile und China beigetragen haben, richten Hilfsfonds für eine Wohltätigkeitsschule in Indien ein und spenden Moskitonetze an Krankenhäuser in Uganda.

Programme und Veranstaltungen

In den Glaubenszentren von Happy Science werden regelmäßig Veranstaltungen, Programme und Seminare angeboten. Besucht unsere Meditationsstunden, Videovorträge, Studiengruppen, Seminare und Buchvorstellungen.

Unsere Programme sind hilfreich für folgende Ziele

- Vertiefung des Verständnisses von Sinn und Zweck des Lebens
- Verbesserung eurer Beziehungen durch das Erlernen der bedingungslosen Liebe
- Beruhigung des Geistes durch das Üben von Kontemplation und Meditation selbst an hektischen Tagen
- Erlernen von Methoden, um die Herausforderungen des Lebens zu meistern
- … und vieles mehr.

Internationale Seminare

Alljährlich versammeln sich Freunde aus aller Welt, um an unseren internationalen Seminaren teilzunehmen, die in unseren Glaubenszentren in Japan stattfinden. Jedes Jahr werden neue Programme angeboten, die ein weites Spektrum an Themen abdecken, u. a. die Verbesserung von Beziehungen, das Üben des Achtfachen Pfades zur

Erleuchtung und die Hinführung zur Eigenliebe, um nur einige zu nennen.

Kontaktdaten

Happy Science ist eine weltweit arbeitende Organisation, die ihre Glaubenszentren rund um den gesamten Globus unterhält. Eine vollständige Liste aller Zentren findet sich unter www.happy-science.org. Im Folgenden einige der vielen Sitze von Happy Science:

HAPPY SCIENCE
BERLIN (DEUTSCHLAND)
Rheinstraße 63
12159 Berlin, Deutschland
Tel.: +49 (0) 30 7895 7477
Fax: +49 (0) 30 7895 7478
E-Mail: kontakt@happy-science.de
Website: www.happy-science.de

WIEN (ÖSTERREICH)
Zentagasse 40-42/1/1b
1050 Wien, Österreich
Tel. & Fax: +43 (0) 1 94 55 60 4
E-Mail: austria-vienna@happy-science.org
Website: www.hs-austria.org

LUZERN (SCHWEIZ)
Neustadtstrasse 7
6003 Luzern, Schweiz
E-Mail: switzerland@happy-science.org
Website: www.happy-science.ch

INTERNATIONALE ZENTRALE
TOKIO (JAPAN)
1-6-7 Togoshi, Shinagawa
Tokio, 142-0041 Japan
Tel.: +81 (0) 3 6384 5770
Fax: +81 (0) 3 6384 5776
E-Mail: tokyo@happy-science.org
Website: www.happy-science.org

Weitere Bücher von Ryuho Okawa

Das Gesetz der Sonne

Der Aufgang der buddhistischen Sonne
in unserer modernen Welt

Wozu leben wir? Wie beeinflusst unser Denken die Wirklichkeit? Welches Glück können wir in die Welt nach dem Tod mitnehmen, welches nicht? Meister Ryuho Okawa reicht uns mit seinem Grundlagenwerk einen Schlüssel, die geistigen Gesetze zu verstehen, die unser aller Leben beherrschen. Dieses Wissen verhilft uns, wenn beherzigt, zu einer viel bewussteren und glücklicheren Lebenseinstellung.

Das Goldene Gesetz

Die Geschichte der Menschheit durch die Augen des Ewigen Buddha

264 Seiten
ISBN 978-3942308014
€ [D] 16,90

Seit Uhrzeiten waren große Führungswesen des Lichts auf Erden, um in Krisenzeiten der Menschheit beizustehen und eine neue spirituelle Entwicklung einzuleiten. Dazu gehören Shakyamuni Buddha, Jesus Christus, Konfuzius, Sokrates, Krishna und Mohammed. Das Goldene Gesetz offenbart Einblicke in die geheime Menschheitsgeschichte der letzen Jahrtausende und zeigt uns wichtige Zusammenhänge auf, damit wir zu unserer eigenen spirituellen Mission erwachen.

DER AUFSTIEG DURCH DIE DIMENSIONEN

DIE GESETZE DER EWIGKEIT

208 Seiten
ISBN 978-3898451567
€ [D] 11,90

Jedes unserer Leben ist nur ein Teil einer Serie von Leben, deren Ursprung in der anderen, der spirituellen Welt zu finden ist. In diesem faszinierenden Buch enthüllt der Autor und Eingeweihte Ryuho Okawa die multidimensionalen Aspekte der »anderen«, der realen Welt. Er beschreibt dabei anschaulich und in moderner Sprache die verschiedenen Dimensionen sowie deren Charakteristika. Die Gesetze der Ewigkeit erklären genau, warum es so wichtig für uns ist, den Aufbau und die Geschichte der spirituellen Welt zu kennen – und sei es allein, um neue Motivation für dieses Leben zu bekommen ...

DANKE, MIR GEHT ES BESTENS!

HERAUSFORDERUNGEN GELASSEN MEISTERN

128 Seiten
ISBN 978-3898453295
€ [D] 6,95

Wie gehen Sie mit Herausforderungen im Leben um? Begegnen Sie schwierigen Situationen gelassen, oder stellen Probleme unüberwindliche Hürden für Sie dar? Dieses Buch ist ein modernes Trainingsprogramm, wie Sie in schwierigen Situationen den Überblick behalten und stets eine positive Grundhaltung bewahren. Dieser wertvolle Begleiter ist eine wahre Schatztruhe für ein Leben in Harmonie.

SELBSTHEILUNG

DIE WAHRE BEZIEHUNG ZWISCHEN GEIST UND KÖRPER

184 Seiten
ISBN 978-3942308007
€ [D] 11,90

Im vorliegenden Buch offenbart Ryuho Okawa die geistigen Ursachen und wahren Gründe für Krankheiten, welche die Schulmedizin oft nicht heilen kann. Eindrucksvoll erläutert der Autor dem Leser Wechselwirkungen zwischen unserem Bewusstsein und dem physischen Körper und vermittelt uns dadurch eine völlig neue Perspektive bezüglich Krankheit und Heilung. Er erklärt auch, wie wir bestimmte Krankheiten verhüten oder sogar selbst heilen können.

Wer Sein Leben verändert, verändert die Welt

240 Seiten

ISBN 978-3848221080

€ [D] 14,90

In diesem Buch macht Ryuho Okawa alle Weltbürger darauf aufmerksam, sich an ihre wahren spirituellen Wurzeln zu erinnern und zu akzeptieren, dass jeder von uns Teil eines gigantischen, kosmischen Lebensbaumes ist. Dieses Buch ist eine Botschaft der Dringlichkeit, aber auch der Zuversicht. Es beinhaltet die Lösung der Krisen, der Kriege, des Terrors, der wirtschaftlichen Katastrophen, des Kummers und Leids auf allen Kontinenten – ein Weckruf an uns alle, gemeinsam als Weltgeschwister unseren Planeten in Frieden, Wohlstand und Glück zu vereinen. Es öffnet die Türe zur tiefsten Tiefe Ihres Bewusstseins. Anhand dieses spirituellen Ratgebers lernen Sie, dass jeder sein eigenes Leben und damit die Welt verändern kann.

Die Essenz des Buddha

Der Pfad der Erleuchtung

208 Seiten
ISBN 978-3898451093
€ [D] 11,90

»Die Essenz des Buddha« bietet eine zeitgemäße Interpretation der traditionellen buddhistischen Lehre, die es jedem Menschen erlaubt, ein erfülltes Leben zu führen. Der Meister und Schriftsteller Ryuho Okawa vermittelt dem Leser in einer modernen und verständlichen Sprache die grundlegenden Lehren des buddhistischen Verständnisses des Lebens, wie den Achtfachen Pfad, die sechs Paramitas, das Gesetz der Kausalität, die Natur des Karmas und Reinkarnation. Allein durch eine Veränderung unseres Bewusstseins können wir den einzigen Weg beschreiten, der uns zu Zufriedenheit führt – und somit zu einer besseren Welt.

DIE HERAUSFORDERUNG DES GEISTES

KARMA UND MENSCHLICHES GLÜCK

224 Seiten
ISBN 978-3898452113
€ [D] 11,90

Die bedeutsamen Lehren des Buddha sind äußerst effektiv, um tatsächlich ein glückliches, friedliches Leben zu fördern – doch sie sind leider meist sehr verkompliziert dargestellt. Mit der Erläuterung des Wesens des Karmas und anderer Schlüsselbegriffe der buddhistischen Lebensweise in klaren, einfachen, jedoch tiefgründigen Worten, die zum Nachdenken anregen, ist dieses Buch daher eine hervorragende Einführung in die wahrhaft wundervolle Tradition des Buddhismus. Dieses Buch zieht den Schleier des Mystischen beiseite – und offenbart Ihnen die Essenz des Buddha …

DER URSPRUNG DES GLÜCKS

124 Seiten
ISBN 978-3866160057
€ [D] 14,95

Wahrhaft glücklich sein – wer will das nicht? Und doch fällt es den meisten Menschen sehr schwer, dieses Glück in ihrem Leben zu verwirklichen. Dieses Buch des japanischen Glücksforschers Ryuho Okawa liefert kein Patentrezept für das schnelle und meist ebenso schnell vergängliche Glück. Es führt seine Leser vielmehr hin zu den tieferen Ursachen eines wahren, in sich selbst ruhenden Glücks, das weder von äußeren Umständen noch von materiellem Wohlstand oder gesellschaftlichem Status abhängig ist. Eines macht das Buch dabei unmissverständlich klar: Wahres Glück und wahre Liebe sind untrennbar miteinander verbunden, denn der Weg zum wahren Glück führt über die Liebe – über eine Liebe, die nicht nehmen will, sondern gibt, die im Einklang mit dem Willen des Universums schwingt und die andere Menschen glücklich machen will, damit sie selbst glücklich sein kann ...

Der Ursprung der Liebe

Vom Wesen des Mitgefühls

104 Seiten
ISBN 978-3866160484

Warum lieben oder hassen Menschen einander? Diese Frage beantwortet der spirituelle Lehrer Ryuho Okawa im vorliegenden Buch, indem er den Ursprung der Liebe in eine Beziehung zum Geheimnis des ewigen Lebens setzt. Wenn der Ursprung der Liebe in Gott und der Natur des ewigen Lebens liegt, dann sind – dem Verfasser zufolge – die Hindernisse, die sich dieser Liebe in den Weg stellen, all jene Vorstellungen, die diesem Gedanken widersprechen und die es zu überwinden gilt, um zur wahren Liebe und zum wahren Glück zu gelangen. In der für ihn typischen, bildhaften Sprache erläutert Ryuho Okawa nicht nur den Ursprung der Liebe und die verschiedenen Formen, in denen sie sich manifestieren kann, sondern erklärt auch, was wir tun können und sollten, um diese Liebe und das mit ihr einhergehende Glück in unserem Leben und unserem Alltag lebendig werden zu lassen.

Der Pfad zum Glück

Wie ihr noch in diesem Leben
zu leibhaftigen Engeln werden könnt

108 Seiten
ISBN 978-3732253012
€ [D] 7,95

Dieses Buch von Meister Ryuho Okawa offenbart die Kraft, die in euch allen, ihr Kinder Gottes, steckt, damit ihr euren persönlichen Charakter weiter entfalten und zugleich die Aussicht auf Frieden und Glück auf der Welt generell verbessern könnt. Meister Okawa glaubt, dass ihr alle von Natur aus das Potenzial besitzt, zu Engeln Gottes zu werden, während ihr auf Erden lebt. Ihr müsst lediglich erwachen und die Wahrheit eures Wesens erkennen – erwachen zu der Erkenntnis, dass ihr spirituelle Wesen seid, die während ihres Daseins auf Erden heilige Aufgaben erfüllen sollen. Dieses Buch soll euch der Ermutigung dienen, die spirituellen Aspekte eures Lebens zu erforschen, das Licht Gottes in euch zu sehen und zu glauben, dass die Welt Gottes und der Himmel kein Mythos sind, sondern Wirklichkeit – eine Wirklichkeit, die weitaus größer und wunderbarer ist, als ihr euch jemals vorstellen könnt. Auf diesen Seiten inspiriert euch Meister Okawa dazu, eure Leidenschaft für euer spirituelles Selbst zu entdecken. Darüber hinaus befähigt er euch dazu, das ewige Glück zu erstreben, das er beschreibt. Diesem Buch entspringt eine sehr tiefe Weisheit – die doch so einfach ist. Diese umfassenden Lehren vereinen und verschmelzen kulturelle, spirituelle, religiöse und materielle Glaubensvorstellungen aus aller Welt, die seit Tausenden von Jahren in einem beständigen Konflikt gestanden haben, auf harmonische Weise miteinander. Millionen von Lesern und Anhängern über alle Landesgrenzen und religiöse Schranken hinweg schätzen Meister Okawas Lehren, die heutzutage in vielen Sprachen zur Verfügung stehen. Dies ist ein Buch für alle Völker aller Rassen, ganz gleich, welche spirituellen und religiösen Wege sie gerade beschreiten.

Die Happiness-Prinzipien

Vier Wege für ein wirklich gutes Leben

224 Seiten
ISBN 978-3898454254
€ [D] 14,95

Viele Menschen sind auf der Suche nach dem Glück – um dabei doch nur immer unzufriedener zu werden. Ryuho Okawa zeigt Ihnen in *Die Happiness-Prinzipien*, wie Sie zu einem wirklich guten Leben gelangen. Oft hindert uns unsere geistige Einstellung daran glücklich zu sein und beschert uns stattdessen das Gegenteil. Das simple Verstehen der vier Prinzipien für ein erfolgreiches Leben – Liebe, Weisheit, Selbstreflexion und Fortschritt – macht den Alltag eines jeden Menschen strahlender, erfüllter und glücklicher. Entdecken Sie, wie Sie lernen können, störende Einflüsse mithilfe von Selbstreflexion zu unterbinden, Ihre Einstellung zu ändern und Ihre Energien auf das Glücklichsein zu konzentrieren. Ryuho Okawa beweist, dass ein wirklich gutes Leben in vielen Fällen nur einen Gedanken weit entfernt ist ...

FSC
www.fsc.org